国債ビジネスと債務大国日本の危機

山田博文 著

新日本出版社

ネスと
日本の

はじめに

世界も日本もほぼ半世紀ぶりのインフレ・物価高に襲われている。私たちの暮らしや経営もかなり危うくなってきた。そのうえ、さらに異次元のリスクに襲われそうな気配である。一体どうなっているのか。その背景を知れば、解決の方法も見えてくるにちがいない。

欧米諸国と比較すると、日本は突出した「政府債務大国」である。国債発行残高などの政府債務の規模は、経済規模（GDP）の2倍を超えている。これは第二次世界大戦の終戦時と同じ水準だ。世界大戦に参戦した戦前の日本は戦争の財源を国債発行で調達したからだが、戦後は平和国家として戦争などやっていない。なのに国債が増発され、戦前の水準にまで累積してしまった。なぜか。その原因は、戦後の日本経済のあり方に関係しているようだ。企業と金融機関の経営が、国家財政と日本銀行に依存してきたからである。あえていうなら、財政と金融へのタカリの構造（政・官・財の癒着《ゆちゃく》体制）がフル回転してきたことにあるようだ。

戦後日本の財政運営は、日本銀行に支えられて国債が増発され、調達された財政資金が予算に組み込まれ、大型公共事業・大規模経済対策・金融機関への公的支援などが行われてきた。これによって、大企業・金融機関は経営危機や倒産をできるだけ回避しつつ利益を拡大できた。他方で、国民諸階層は、政府債務と財政危機のリスクを転嫁され、消費税の新規導入・税率アップ、各種社会保険料の値上げ、社会保障関係費の削減、などの負担が増大した。

というのも、国債（国庫債券）の発行による財政資金の調達とは、将来の所得や税収を先取りすることなので、国債に依存した予算を組むと、現在だけでなく将来世代にも借金返済（国債の利払い費用と償還費用）の負担がのしかかるからである。国債を発行した政府は、国債を買い財政資金を貸してくれた国債投資家（大資本・富裕層）に利子の支払いと元本の償還をしなければならない。政府に財政資金を貸した国債投資家たちは政府から利子を受け取り、元本を償還してもらい、国債に関係した多様な利益を受け取る。

その結果、国債に依存し財政運営を行う国は、国を二分する深刻で壮大な債権債務関係を抱えこむ。一方で借金の返済に追いまくられる債務者（政府・納税者）が出現し、他方ではその債務者から利子や償還金を受け取る債権者（国債投資家）が出現する。ここで留意すべきは、債務者は国民や企業など一般の納税者全員だが、債権者はそうではなく、莫大な資金を国債に運用できる少数の大資本や富裕層である。

国債は、潤沢な資金を運用し利益を追求する大資本にとって、安心して投資できる第1級の金融商品（政府に対して利子・元本償還の請求権をもつ証券）にほかならない。近年の日本の金融経済システムは、アメリカの要請で金融ビッグバン改革の洗礼を受け、アメリカのような「カジノ型金融独占資本主義」として再編された。そのため、生産と消費を担う実体経済は停滞する一方で、大企業・金融機関・内外の投資家の利益は、株式・国債・為替などの金融・証券市場を舞台に追求する資本主義になった。とくに政府が利子の支払いと元本の償還を保証する国債は、その規模や経済社会への影響が大きいため、各国の金融・証券市場の主役になっている。国債は単なる固定的な政府債務ではなく、株式と同じように売買でき流通する証券なので、安い時に買って高くなったら売り売買差益を稼ぐこともできる。

また国債は金融政策の手段でもある。日本銀行の異次元金融緩和政策は、国債の大規模買入を柱として展開されている。この金融政策は、ほぼ無制限の国債増発に道を開き、増発された国債は、金融機関・大企業などの国債投資家にとって、リスクフリーの金融商品として機能し、国債ビジネスを活発化させている。国債売買高は、日本の経済史上初めて1京円を突破する天文学的規模のモンスター・マーケットになった。第2次安倍政権以降の経済政策＝アベノミクスは、「カジノ型金融独占資本主義」をフル回転させ、「貯蓄から投資」が推奨され、株高・債券高・金融バブル・都心の不動産バブルが発生し、富の一極集中を招いた。国民諸階層の貧困と資産格差は拡大した。

情報通信革命や経済のデジタル化に支えられ、経済のグローバル化・情報化・金融化が進展した。時間と空間の制限を突破し地球を舞台にした金融ビジネスの時代が到来した。「大き過ぎて潰せない」わずか30社ほどの巨大金融機関の独占的支配が世界中に広がり、日本の金融・証券市場も、アメリカ・ウォール街の金融独占資本の影響下にある。「株式会社日本」の大株主は、国内勢でなく高い配当金を求め「物言う株主」の海外投資家になり、日本の富が流出していく。日本経済が衰退していく。

いま、私たちの眼前にあるのは、終戦直後に匹敵する政府債務の山であり、債務超過に陥った日本銀行と円暴落の危機である。終戦直後の日本再建は、ＧＨＱの強大な外国権力が断行した。現在問われているのは、私たち自身による民主的で公平な日本再建である。

でも、心配はいらない。その財源は十分あるようだ。戦後財政と金融へのタカリの構造で蓄積された１０００兆円ほどの大企業内部留保金＋対外純金融資産＋富裕層金融資産などである。崖っぷちの日本を再建し、持続可能な２１世紀の経済システムを立ち上げる時のようである。

本書執筆にあたり、初出の拙稿を掲載してくれた『経済』編集長の羽田野修一氏はじめ、研究会で多様な教示をいただいたみなさんに、御礼申し上げます。

新日本出版社代表取締役編集長の角田真己氏には、多忙な中、懇切丁寧な編集と貴重なアドバイスをいただきましたこと、深く感謝いたします。

２０２３年7月

著者

ひとことエコノミクス1　「国の借金は問題ない」って本当？

本当ではない。深刻なたくさんの問題が発生するし、現に発生している。「膨大な政府債務を抱えても、財政は破綻《はたん》しない」と主張する論者の根拠は、日本の政府債務は円建の国債なので財政は破綻しない、なぜなら日銀はいくらでも日本円を発行でき、政府に財政資金を供給できるので、政府が財政破綻や債務不履行（デフォルト）に陥ることはない、ということにある。

この論者たちが無視しているのは、政府債務が増大するプロセスで発生する深刻な諸問題＝国の借金返済の財源として消費税が導入され、税率が引き上げられ、社会保障関係費が削減され、国民負担が増大し、年金支給額も減額され、国民生活がどんどん悪くなってきたこと、また大量に発行された国債という金融商品に巨額の資金を運用し、莫大な利益を得るごく少数の政府の債権者（巨大金融機関や内外の国債投資家）がわが世の春を謳歌する一方で、一般会計と特別会計を合わせた年間９０兆円（しかも毎年１００兆円を超える借換債発行額は除外）を超える国の借金返済に追いまくられる債務者（一般国民・中小零細企業）の貧困問題が深刻化したこと、などなどである。

問題の核心は、財政が破綻するかしないかではなく、国の借金が増えることによって主権者の国民の生活と権利（憲法第２５条）がどれだけ侵害されているかであり、それを解明することが経済学の課題である。現代貨幣論（ＭＭＴ）といっても、こと国家財政を問題とする以上、主権者の生活や権利を無視することはできないはずである。

目次

第1章　異常な政府債務大国に咲いたバブル

――国家財政と日銀に依存した戦後日本の資本蓄積

現代日本が抱え込んだ国債などの政府債務残高は、２０２３年度末で１４４１兆円であり、自国の経済規模（ＧＤＰ）の約２・６倍に達し、主要国で最悪の水準である。◆1 この政府債務の対ＧＤＰ比で2倍を超える水準は、第二次世界大戦の終戦時の水準でもある。第二次世界大戦の軍事費は日本銀行による国債の直接引受で調達され、政府はほぼ無制限に軍事国債を増発できたので、終戦の年に抱え込んだ国債発行残高は、当時の経済規模（国民所得）の2倍を超過した。

だが、戦後日本は、平和憲法（憲法第9条）のもとで戦争を回避し、軍事国債の増発はなかったのに、戦後七十数年間に累積した国債（建設国債・赤字国債）などの政府債務残高は、第二次世界大戦に参戦した時と同じ水準に達してしまった。戦時体制下ならいざ知らず、戦後日本は平時において、世界に類を見ない「政府債務大国」に転落してしまった（図1－1）。その背景は、戦後日本の資本蓄積と利益追求が建設国債や赤字国債の増発によって調達された国家財政に依存したからであった。

建設国債の発行で調達した財政資金は、大型公共事業予算となって、土木・建設・不動産・鉄鋼・セメントなど公共事業関係産業に利益をもたらしてきた。日銀に支えられ増発された国債は、民間金融機関などの金融業に国債市場を舞台にした利益追求の場を提供し、あとでふれるように国

図１－１　戦前からの政府債務残高対 GDP 比の推移

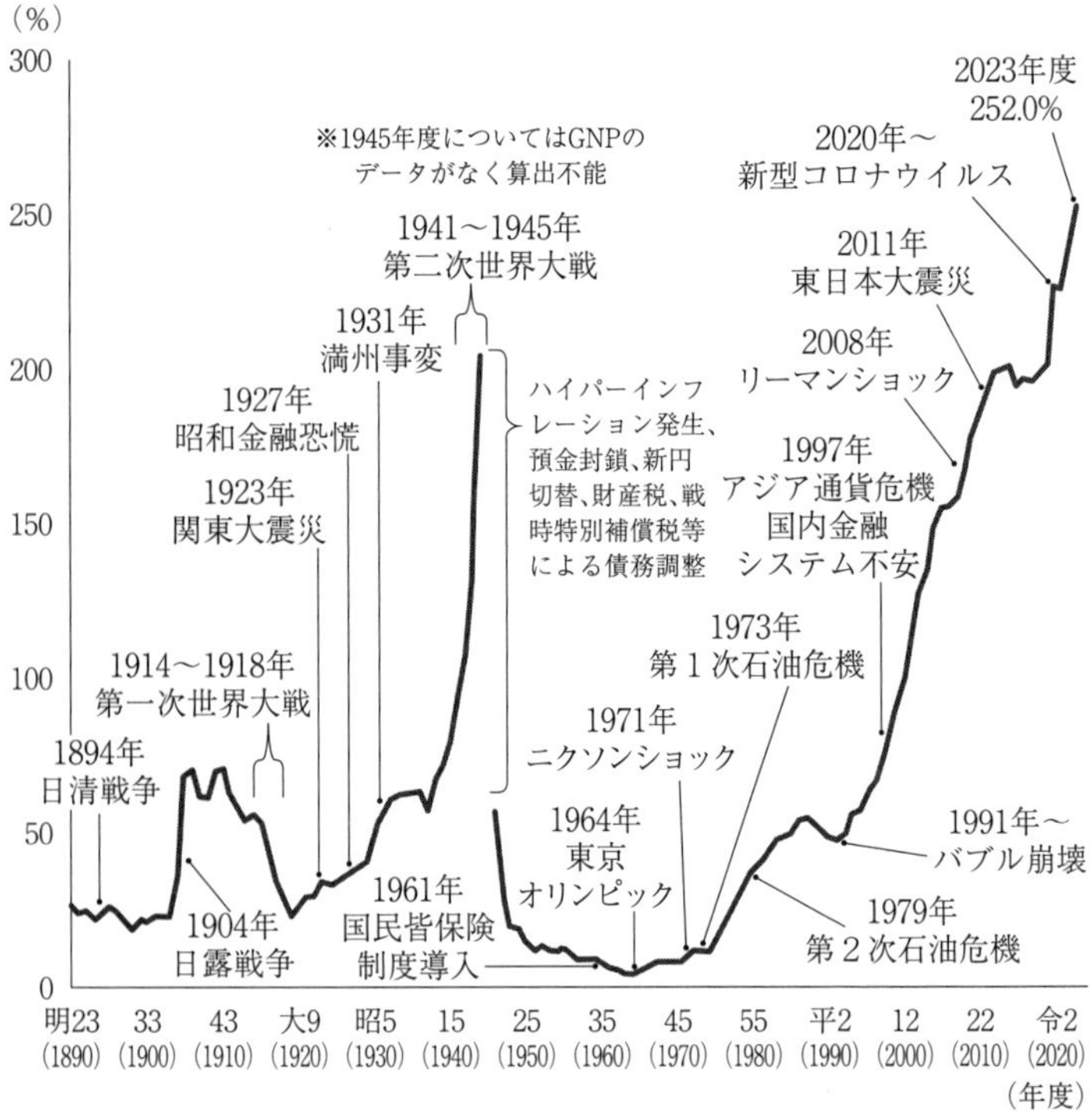

（注１）政府債務残高は、「国債及び借入金現在高」の年度末の値（「国債統計年報」等による）。令和３年度までは実績、令和４年度は第２次補正後予算、令和５年度は予算に基づく計数であり、政府短期証券のうち財政融資資金証券、外国為替資金証券、食糧証券の残高が発行限度額（計 210 兆円）となっていることに留意。なお、昭和 20 年度は第二次世界大戦終結時により GNP のデータがなく算出不能

（注２）GDP は、昭和４年度までは「大川・高松・山本推計」における粗国民支出、昭和５年度から昭和 29 年度までは名目 GNP、昭和 30 年度以降は名目 GDP の値（昭和 29 年度までは「日本長期統計総覧」、昭和 30 年度以降は国民経済計算による（昭和 30 年度から昭和 54 年度までは 68SNA ベース、昭和 55 年度から平成５年度までは 93SNA ベース、平成６年度以降は 08SNA ベース）。）。ただし、令和４年度及び令和５年度は、「令和５年度の経済見通しと経済財政運営の基本的態度」（令和５年１月 23 日閣議決定）による

（出所）財務省『日本の財政関係資料』2023 年４月、56 ページ

債市場はバブル市場となって膨張してきた。政・官・財癒着の構造のもとで、大企業・金融機関などの巨大資本による国家財政への「タカリの構造」が戦後日本の資本の強蓄積を支えた。

その結果、累積した政府債務の重圧は、国民諸階層に消費税導入などの税負担や多様なリスクを転嫁する一方で、大企業や金融機関のような国債投資家は国債市場でのビジネスを活発化させ、経営の安定と利益を拡大してきた。

1　政府債務と国債バブルの膨張

現代日本は巨額の政府債務を抱えこみ、天文学的な売買高の国債バブル市場が出現している。一見、無関係に見える政府債務と国債バブル市場だが、決してそうではない。政府債務も国債バブルも、国家財政に寄生し利益を追求する現代日本の資本運動の結果だからである。公共事業関係予算などに寄生する産業資本と、金融商品の国債市場に寄生する貨幣資本の2種類の資本の利益追求運動が、政府債務と国債バブルをもたらした。しかも、このような利益追求運動は、戦前も、戦後も、日銀信用の膨張と金融緩和政策によって、強力に支えられてきた。

自国の経済規模（ＧＤＰ）の2・6倍に達した国債などの政府債務残高は、政府や納税者にとっては、遠い将来にわたって返済を迫られる国家の債務である。財務省によれば、日本国民は赤ちゃんを含め一人当たり、ほぼ１０００万円の借金を背負っている、とのことである。だが、この指摘が見逃しているのは、政府が国債を発行し債務を引き受け実現したのが大型公共事業であり、これによって蓄財できた巨大企業や、国債ビジネスで蓄財した民間金融機関の莫大な利益である。国民に負担を押しつける前に、政府債務の返済に当たって最優先されるべきは、大企業や金融機関による応能負担の原則であろう。

ともあれ、もはや政府債務は、大きすぎて通常の方法では返済不能になり、国債売買高にいたっては、わが国経済史上、初めて京の単位を記録したモンスター・マーケットに膨張し、各方面に大きな影響を与えている。現代日本は、のっぴきならない事態に直面している。

国庫の赤字は金融独占資本の収益源泉

日本の政府債務総額（「国債及び借入金並びに政府保証債務現在高」）は、２０２３年度末には、１４４１兆３７６２億円に達する。各国を比較したＩＭＦによれば、◆2２０２２年現在、日本の政府債務総額の対ＧＤＰ比は２６１・２％の高水準であり、財政破綻したギリシャ（１７７・４％）、戦後の代表的な財政赤字国のイタリア（１４４・６％）などより深刻な事態である。Ｇ７主要国のアメリカ（１２１・６％）、フランス（１１１・０％）、イギリス（１０２・６％）、ドイツ（６６・５％）

などと比較しても、日本は世界最高の政府債務大国にほかならない。各国の政府債務の中心を占めるのは国債発行残高であり、日本の普通国債発行残高は、１０６８兆円に達する。

国債発行残高に関する従来の議論は、もっぱら政府債務の問題として検討される傾向が強かった。だが、このような議論では、国債発行と保有の局面に限定され、国債の発行・流通・償還・保有などの全局面において、国債が金融商品として機能し、貨幣資本の運動に貢献していることが見落とされる。国債は、発行母体が政府であり、政府は民間企業のように倒産せず、不景気でもきちんと利子を払ってくれるので、高い格付の金融商品である。国債保有者は、国民や企業などの納税者から、将来にわたって国債の利子や元本を受け取ることができる。２０２３年度の一般会計の国債費（国債利払い費＋償還費）は２５兆２５０３億円に達している。金融商品としての国債は、内外の国債投資家に利殖の機会を提供する。１京円という天文学的な規模の国債売買市場が出現し、長期国債金利が主要国で最低の０％台という国債バブルが進行している。

世界の大手金融機関・国債投資家は、各国政府の発行する国債の全局面を網羅する国債ビジネスを展開し、世界の国債市場を舞台に莫大な利益を得ている。大手金融機関・国債投資家による国家相手の国債ビジネスを介した資本蓄積の収益源泉は、国債引受手数料＋売買差益＋利子収入＋賃貸手数料＋担保物件＋リスクフリー資産（ＢＩＳ規制対策）など、多種多様な分野におよんでいる（図１－２）。各国の国債市場は、現代の金融独占資本の資本蓄積の大舞台にほかならない。その対極で各国の国民は、国家の債権者に献納するための重税に苦しめられている。

図1－2　国債ビジネスに関係した各種の金融利益

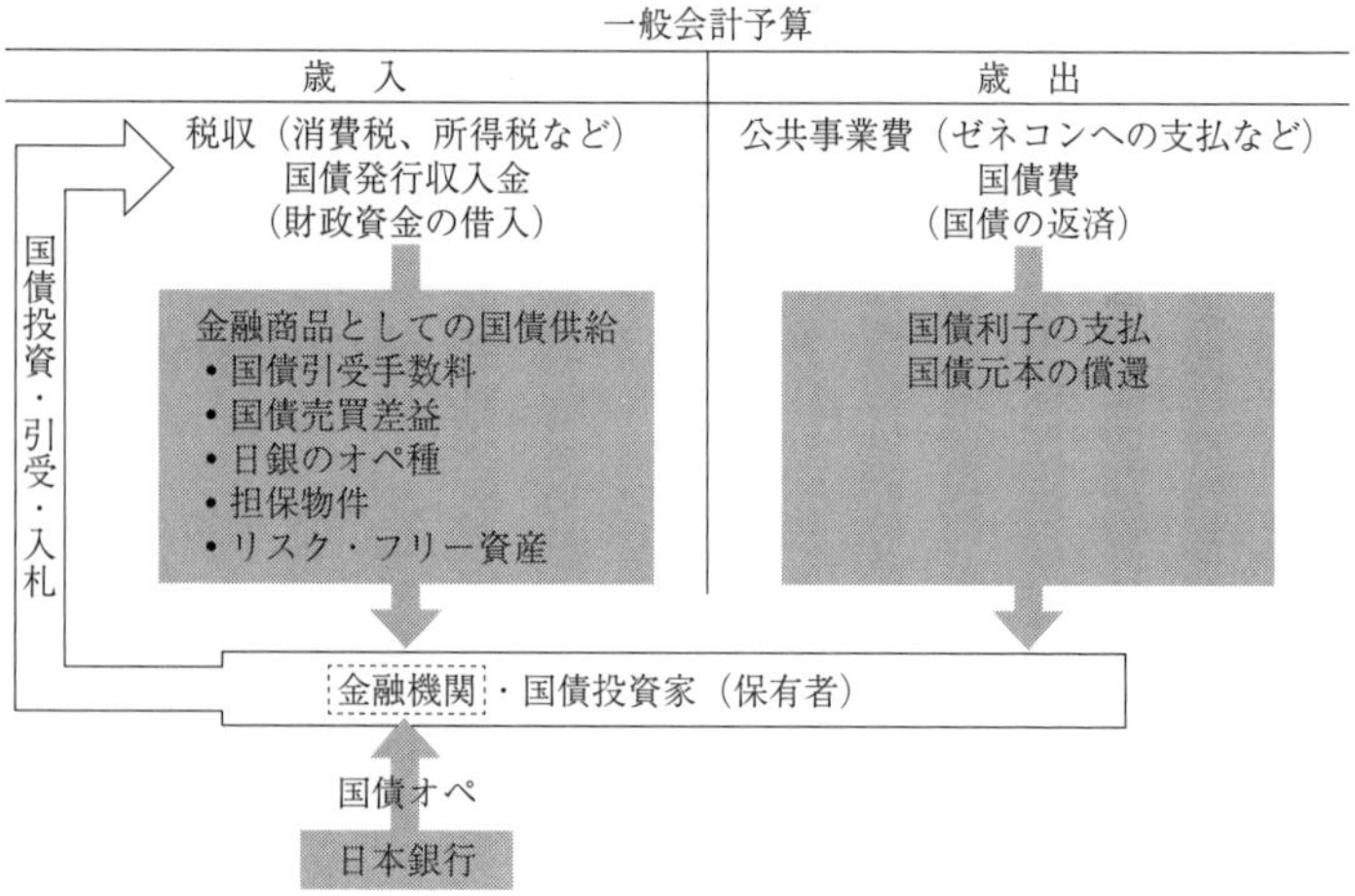

国債や国庫の赤字問題は古くから存在する。この問題について、すでにカール・マルクスは、以下に見るように、「国庫の赤字」は国債投機業者や国家の債権者の「致富の主源泉」であった、との重要な指摘をしていた。

①「国家が負債に陥ることは、むしろ直接の利益になった。国庫の赤字、これこそまさに彼らの投機の本来の対象であって、彼らの致富の主源泉であった」[◆3]。

②「国債は、その年々の利子などの支払いに充当すべき国家の収入を支柱とするものであるから、近代的租税制度は国債制度の必然的な補足物になった」[◆4]。

③「国債という形態での資本の蓄積は、……租税額のうちからある金額を自分のために先取りする権利を与えられている国家の債権者という一階級の増大以外のなにものも意味しない」[◆5]。

表1－1　世界の金融独占資本で構成される日本の国債市場特別参加者

SMBC 日興証券株式会社	JP モルガン証券株式会社
クレディ・アグリコル証券会社	ソシエテ・ジェネラル証券株式会社
ゴールドマン・サックス証券株式会社	ドイツ証券株式会社
シティグループ証券株式会社	野村證券株式会社
大和証券株式会社	BNP パリバ証券株式会社
東海東京証券株式会社	みずほ証券株式会社
バークレイズ証券株式会社	三菱 UFJ モルガン・スタンレー証券株式会社
株式会社みずほ銀行	モルガン・スタンレー MUFG 証券株式会社
株式会社三井住友銀行	B of A 証券株式会社
岡三証券株式会社	
クレディ・スイス証券株式会社	
	以上 20 社

（出所）財務省『債務管理リポート 2023』126 ページ

いずれの指摘も含蓄に富んでいる。マルクスは、国債について、国家債務として理解するのではなく、貨幣資本の利殖に貢献する金融商品であり、投機業者や国家の債権者に国債ビジネスの機会を提供し、国家のピンチはビジネスチャンスであり、国家のリスクはリターンをもたらす、と認識していた。

現代日本において国債ビジネスを主導するのは、財務省が指定した「国債市場特別参加者」（プライマリー・ディーラー）に名を連ねる２０社の内外の大手金融機関である（表１－１）。潤沢な資金を持つこれらの民間金融機関は、政府の発行する国債を買い取り、内外の国債投資家に販売し、自らも国債を売買し、国債市場から巨額の利益を稼ぎ出している。国内勢としては、三井住友銀行、みずほ銀行、野村證券、大和証券などの大手金融機関、外国勢としては、ゴールドマン・サックス、ＪＰモルガン、シティグループなどのアメリカの大手投資銀行、ドイツ証券、ＢＮＰパリバ証券、バークレイズ証券などヨーロッパの大手証券会社であり、これらの大手金融機関は、日本の国債市場だけでなく、グローバルな金融市場において独占的な支配力を有する現代の金融独占資本にほかならない。◆6

とくに、ＪＰモルガン、シティグループ、バンク・オブ・アメリカ（Ｂ ｏｆ Ａ）、ゴールドマン・サックス、モルガン・スタンレーといった現代のカジノ型金融独占資本主義を主導するアメリカの５大金融独占資本は、現代のグローバルな国債ビジネスの主役たちであり、世界各国の債券市場や株式市場において、独占的な支配を確立している。◆7 世界各国の国庫の赤字や政府債務が増えれば増えるほど、彼らの国債ビジネスは世界各国で活性化し、「彼らの致富の主源泉」はグローバルに増大する。◆8

各国政府にとっても、国債発行がスムーズに達成できなければ、財政資金の調達が困難になり、予算編成に支障をきたすので、内外の巨大金融機関に対して特別の資格、「国債市場特別参加者」（日本）、「プライマリー・ディーラー」（アメリカ）の資格を付与し、国債の安定的な発行体制を構築する。これらの金融機関は、国際決済銀行の金融安定理事会（ＦＳＢ）が世界の金融システム全体にとって重要な金融機関（ＳＩＦＩ）として分類され、「大きすぎて潰せない Too big to fail.」３0大銀行か、その持ち株会社のメンバーである。

「企業国家」と「金融立国」が創り出した政府債務

戦後初めて普通国債の発行が解禁された１９６５年度以降の高度経済成長は財政に依存し、公共事業関係費の大盤振る舞いに支えられた「財政主導型経済成長」であった。政府は不況のたびに国家予算を投入し財政サイドから需要を創り出し、物の生産を担う産業資本の不況を買い取ってきた。公共事業の財源は、「建設国債・四条債」（戦後、財政法第４条は公共事業費の調達以外の公債発行を禁じた）の発行によって調達された。１９７０年代のオイルショックと構造不況以降、財政赤字が表面化し始め、バブル経済の崩壊を経た１９９０年代後半以降、財政赤字が深刻化し、「赤字国債・特例債」（財政法４条の例外で、当該年度だけの財特法の議決により発行）が増発されてきた。

累積する国債は、政府が利払いと元本の償還を保証する信用の高い金融商品として扱われ、銀行・証券会社など、貨幣資本の担い手の金融業に有効な利殖の機会を提供してきた。とくに１９８０年代半ばから、銀行も国債売買市場に参入できるよう規制が緩和され、銀行による窓口での国債の販売、銀行自身の資金によって国債を売買できるバンク・ディーリングが認可され、国債売買市場は飛躍的に膨張していった。銀行は、金融規制緩和政策によって新たに参入した国債市場において、莫大な国債売買差益を獲得できるようになった。膨張する政府債務と増発される国債は、わが国の公共事業関係産業などの繁栄だけでなく、金融業の繁栄をもたらした。このような「企業国家」と「金融立国」をめざした経済運営が今日の事態を招いた、といってよい。

「乾いた雑巾を絞る」ように働かされ、「過労死」すら引き起こす労働現場から、大量に生産された商品も、売れなくては企業利潤に結びつかないので、何とかして売ろうとする。でも、国内で最大の買い手の労働者家計は、低賃金で働かされているので、可処分所得は低い。そのうえ貧弱な社会保障制度に起因する将来不安のため、せっせと貯蓄に励まざるをえず、国民の購買力は減退する。このような低水準の国内需要を放置したままでは、商品は売れ残る。

そこで、過剰に積み上がる商品のはけ口として、二つの道が追求される。一つは、政府に買ってもらうことであり、もう一つは外国に売りつけることである。財政に依存し、外需に依存することで、過剰に生産された商品を売りまくり、巨額の利潤を実現する、これが戦後日本の経済成長がたどってきた道であった。

だが、この道の行く末には、幾多の困難が待ち受けた。高性能で、低価格のメイド・イン・ジャパン製品は、諸外国の消費者には好意的に受け入れられ、よく売れたが、「土砂降り輸出」をすると、相手国の同業他社と政府から強力なバッシングを浴び、たびたび貿易摩擦を引き起こしてきた。外需依存の道に待ち受ける困難であった。アメリカのように、日本に内需拡大を迫り、日本製品をアメリカでなく、国内で販売せよ、そのために財政で大盤振る舞いをせよ、といった内政干渉をする国も出てくる。

アメリカからの外圧と大企業の内圧に従った政府は、公共事業関係費の大盤振る舞いなどにより、財政サイドから有効需要を創り出し、過剰な在庫を買い取り、企業利潤を実現させる。財源が足りなくなったら、借金し、国債を増発して財政資金を調達し、予算に組み入れ、財政ルートを通じて、「企業国家」日本を強力に支えた。増発された国債は、「金融立国」を象徴する金融商品として累積する。その結果、現代日本財政は、他国に例がないほどの「政府債務大国」に転落した。

ひとことエコノミクス2　国債市場の参加者とその役割

国債が発行され、売買され、やがて償還されるまでの動向を体現しているのが国債市場である。各国の国債市場の参加者は、政府・国債投資家・中央銀行の三者である。

①国債を発行する政府にとって、国債市場は財政資金を調達する場（国債発行市場）である。国債は公募入札で発行され、多様な国債が額面価格（償還時に政府から受け取る金額）を基準に発行され、半年に1回支払う利子（表面金利）はあらかじめ決められている（＝確定利付債券）。これらの国債を最初に落札するのが内外の金融機関（国債市場特別参加者）であり、金融機関はいったん落札した国債を内外の投資家に売り出す。

②利益を求め国債を売買する国債投資家（＝金融機関や企業・富裕層・公的私的団体の資金を集め運用する各種の投資ファンド）にとって、国債市場は資金運用の場（国債流通市場）である。内外の投資家に売り出された国債は、額面価格を離れ、市場の売買動向を反映する市場価格で売買される。

③日本銀行にとって、国債流通市場は民間金融機関との間で国債を売買（公開市場操作）することで、金融の緩和や引締などの金融政策を展開するための場として機能する。

金融業の利殖の場・国債バブル市場

政府が利子の支払いと元本の償還を保証する国債は、金融業や投資家にとって、もっとも格付の高い金融商品・投資物件であり、不景気で不透明な時代には、安定的な利殖の機会を提供してきた。政府の発行する国債は、「金融立国」日本の屋台骨として機能した。

賃金所得は長期間連続して削減され、国内総生産高も低迷し、世の中は暗く長い低成長と不況のトンネルにあるというのに、大手銀行の純利益は、過去最高を記録してきた。どうしてこのようなことが起こるのか。その秘密は、たとえば、銀行の2010年9月中間決算（表1－2）に読み取れる。大手銀行は2008年のリーマン・ショック後の不況下でも、巨額の国債売却・償還益を獲得している。みずほ銀行は、前年同期比で、31％も多い4451億円の業務純益を計上しているが、なかでも際立つのが、5倍にもなった500億円の国債売却・償還益である。

銀行の伝統的な基本業務は、余剰資金を預金として受け入れ、経済活動に必要な資金を貸し出す預金貸出業務である。この伝統的な業務から得られる利益は、預金者に支払う利子と、貸出先から

表1-2　大手銀行グループの2010年9月中間決算

	業務純益（単体）	国債の売却・償還益（単体）	純損益（連結）	不良債権処理費用（単体）
三井住友銀行	4932億円（30%増）	455億円（3.6倍）	4174億円（3.4倍）	433億円（1135億円減）
みずほ銀行	4451億円（31%増）	500億円（5倍）	3417億円（3.9倍）	−252億円（1422億円減）
りそな銀行	1413億円（1%増）	287億円（62%増）	817億円（4%減）	181億円（322億円減）
住友信託銀行	604億円（25%減）	64億円（前期は4億円の損失）	540億円（2.8倍）	−38億円（311億円減）
中央三井銀行	593億円（3%増）	50億円（4.2倍）	320億円（68%増）	−61億円（171億円減）
新生銀行	402億円（2.2倍）	86億円（2.9倍）	168億円（52%増）	313億円（229億円増）
あおぞら銀行	208億円（5%増）	49億円（2.1倍）	141億円（2.2倍）	44億円（52億円減）
三菱UFJ銀行	4800億円		1700億円	

（注）（　）内は前年同期比。業務純益は本業のもうけ。三菱UFJは5月時点の予想。
不良債権処理費用のマイナスは利益
（出所）朝日新聞2010年11月13日付

受け取る利子の差額分（預貸金利鞘）である。

だが、近年の銀行は、このような伝統的な業務をサボタージュしてきた。中小企業をはじめ、銀行への資金ニーズは高いのに、銀行は貸し渋り、その結果、銀行の貸出金残高は減り続けた。大企業と違い内外の証券市場から直接資金調達ができない中小企業は、銀行借り入れによって経営に必要な資金を調達してきた。だが、中小企業に対する大手銀行の貸出は激減してきた。貸出金の返済が滞る不良債権を抱え込みたくないからである。これは、地域経済の主要な担い手である中小零細企業や地場産業の経営不振に拍車をかけ、地域経済の地盤沈下を促進した。

利子をもたらす貸出を激減させてきた銀行は、本来なら、利益が減ってしまうはずなのだが、逆に増大している。というのも、近年の銀行は、手間暇のかかる伝統的な業務よりも、コンピュータの前に座って、内外の多様な金融商品を売買するマネーゲームを展開し、一瞬にして巨額の利益を得る投機的な経営に精を出しているからである。日本国内でこのような投機的な経営にビジネスチャンスを提供してきたのは、増発される国債が高格付の金融商品として機能し、1京円という天文学的な売買市場が形成されたからである。金融業の巨額のマネーに利殖の受け皿を提供するには、1000兆円を超える残高をもち、毎月、数兆円が新たに発行される国債市場をおいてない。

この点について、新聞も以下のように指摘していた。「貸し出しなどの本業は低迷しているのに、各行とも余ったお金を国債購入に回したために『国債バブル』が生まれ、国債を売ってひともうけできた」◆9。これは、銀行による国債市場への「タカリの構造」、国債市場が金融業の利殖の場になっていることを示している。

ひとことエコノミクス3　金融商品としての国債の動向

国債は、利益を求め国債ビジネスを展開する国債投資家にとって、政府に利子や元本を請求する権利をもつ売買可能な証券、という種類の金融商品である。借換債を含めて毎年

200兆円ほど発行される日本国債は、数十兆円という巨額の資金を運用する内外の国債投資家、その主役の銀行・証券会社のプロの債券ディーラーや投資ファンドが支配する資本主義経済の最先端のマーケットである。国債投資家はコンピュータ・プログラムを利用し、1秒間に数千回の売買を繰り返し、年間で1京円ほどの売買高を達成する薄利多売の国債ビジネスを展開する。こんな世界に個人や一般投資家の入り込む余地はない。国債売買が行われるのは、金融機関や証券取引所のコンピュータのネットワークの中であり、しかも株式のように価格で表示されず少数点を含む金利（利回り）で表示されるため、一般にはわかりにくい市場である。

だが、代表的な長期国債は各国の長期金利の指標となる基軸金利なので、国債流通市場の価格動向が企業や家計の借入金やローンの金利水準を決定する。マネーゲームが横行し、国債価格が暴騰（＝金利暴落）すると、長期金利ですら0％やマイナス金利といった異常な水準の国債バブルが発生する。物の生産・消費といった実体経済とは無縁の国債流通市場の動向は、どんなに価格が暴騰（＝金利暴落）するバブルが発生しても、やがては実体経済の動向に収斂《しゅうれん》されていく。現代資本主義は2008年のリーマン・ショック以降、実体経済停滞下で超金融緩和政策が採用され、国債バブルが継続している、といってよい。

現代日本の国債市場は、実体経済の長期停滞とは裏腹に、1京円を超える天文学的な売買高◆10を記録する巨大なバブル市場に成長している（図1‐3）。しかも国債は増発され続け、通常なら国債価格は下落（金利上昇）するはずなのだが、日銀の国債爆買いによって長期国債の価格は上昇（金利は下落）し続け、2018‐19年度にかけて金利はマイナスを記録するほどの国債バブルが発生している。

国債の売買取引は多様な手法で行われ、売買のスピードは、コンピュータ・プログラムで千分の1秒や1万分の1秒の速度で行われる。最近の日米の債券市場や株式市場の売買の6〜7割台は、コンピュータ・プログラムによる高頻度取引（high-frequency trading HFT）を駆使した売買である。発行残高も発行ロットも大きく、大口取引に適合する国債市場は、株式市場の売買高（800〜1000兆円）を1桁ほど上回る1京円の巨大市場になった。

証券会社の本来の基本業務は、債券や株式の引受・売出、委託売買などの投資銀行業務であり、証券会社の利益もそれにともなう手数料収入にある。だが、異次元金融緩和政策下の日銀の国債大量買入に支えられ、証券会社は自己資金による国債売買差益（キャピタルゲイン）狙いの国債トレーディングに傾注してきた。

銀行や証券会社のこうした業務展開は、金融独占資本の業務別収益構成において、預貸金利鞘や手数料収入でなく、各種金融商品を高頻度で売買するディーリングないしトレーディング業務からの収益の割合が高まっていることに示される。それは、現代の金融ビジネスが実体経済から相対的に独立し、マネーゲームに傾注し、投機化してきていることの証明でもある。

図１－３　国債売買高と国債金利の推移

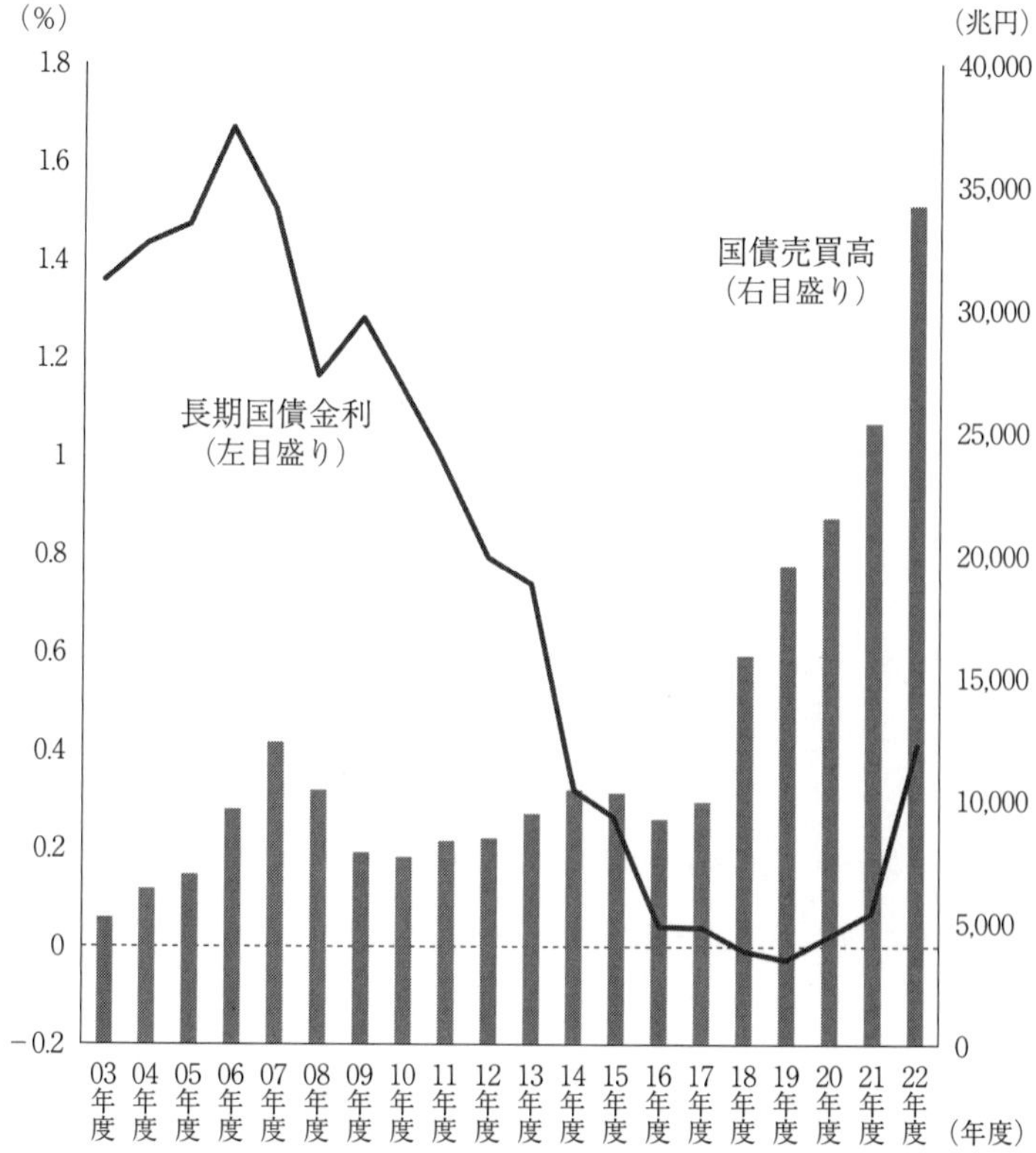

（注１）公社債の店頭における月間の売買高の報告を受け、これを集計したもの
（注２）現先売買高を含む売りと買いの合計で、額面金額ベース。長期国債金利は流通利回り
（注３）国債の売買高は、証券会社の売買高と金融機関のディーリング業務の売買高を合算したもの
（注４）国庫短期証券のほか、割引短期、政府短期証券の売買高
（資料）日銀『金融統計月報』より作成

米英日など主要資本主義国の国債市場は、内外の過剰なマネーの運用市場であり、その売買額は天文学的な規模にまで膨張している。コンピュータ・プログラム、ＡＩロボットを動員した国債の高頻度取引は、大手金融機関や大口の投資ファンドに巨額の独占的な利益をもたらしている。国債の現物市場だけでなく、先物市場でも、大がかりの国債ビジネスが展開されている。現代資本主義は、人類にとって有用な物の生産や販売といった実体経済よりも、各国通貨・株式・国債などの各種金融商品の売買によって効率的に独占的な利益を追求するカジノ型金融独占資本主義の様相を呈している。各国の国債市場は、カジノ型金融独占資本主義にとって資本蓄積の主要な舞台を提供してきた。

2　国債の増発を支えた金融政策

政権に屈服した日本銀行

株式・不動産バブルが崩壊した１９９０年代以降、財政資金を動員した各種の経済政策が繰り返し実施されてきたが、国民生活は深刻さを増す一方であり、経済成長も実現せず、「失われた三十数年」が経過した。

政府の各種政策の効果は期待できず、手詰まり感が濃厚になるにつれ、日銀総裁が国会に呼ばれ与党議員から叱咤《しった》されてきた。景気が回復しないのは日銀が協力しないからだ、というわけである。だが、中央銀行の本来の目的は、景気対策ではない。それは政府の仕事であり、日銀の仕事ではない。

日本銀行法は、「第1章 総則（目的）第1条 日本銀行は、我が国の中央銀行として、銀行券を発行するとともに、通貨及び金融の調節を行うことを目的とする。2 日本銀行は、前項に規定するもののほか、銀行その他の金融機関の間で行われる資金決済の円滑の確保を図り、もって信用秩序の維持に資することを目的とする。（通貨及び金融の調節の理念）第2条 日本銀行は、通貨及び金融の調節を行うに当たっては、物価の安定を図ることを通じて国民経済の健全な発展に資することをもって、その理念とする。」とある。

日本銀行法は、どこにも、景気対策をやらなければならない、とは明記していない。各国中央銀行の本来の仕事は、「物価の安定」であり、物価の番人である。最近になって「信用秩序の維持」が追加された。この本来の仕事を達成するために、各国の中央銀行法は、時の政府や各種業界からの圧力に屈することがないように、独立性を担保されている。

だが、時の政権は、たとえば、日清戦争・日露戦争期には、政府が直接日銀から軍資金を借り入れ、第二次世界大戦下では、軍事国債を直接日銀に引き受けさせ、莫大な軍事予算を組んできた。

日銀は時の政権の政策遂行のために利用されてきた歴史がある。戦後の高度経済成長期ですら、マネーサプライ（後の指標はマネーストック）の伸び率がほぼ恒常的に経済成長率を上回るような金融緩和政策が採用されてきた。

歴史の教訓によれば、中央銀行が政権に服従し「打出の小槌《こづち》」のようにマネーを供給すると、紙幣は紙屑《かみくず》同然になり、生活破壊のハイパーインフレーションが発生する。第二次世界大戦終結後、わが国では、1945年10月から49年4月までのわずか3年6ヵ月の間に、消費者物価指数は約100倍にも暴騰した。

このような悲惨な結果をもたらしたのは、政権に服従した中央銀行によるマネーの過剰な供給であり、異常な金融緩和政策であった。

国債の増発と銀行救済

近年の一連の超金融緩和政策は、日銀が民間銀行に安価なマネーを大量に供給することによって、民間銀行の経営を救済してきただけでなく、政府が増発する大量国債の消化資金を提供してきた。日銀が民間銀行の保有する国債などの金融資産を買い入れ（国債買いオペレーション）、その買入代金が民間銀行に供給されるので、民間銀行は資金繰りが困難になることはなく、経営は安定するからである。また、国債を保有していれば、銀行は、政府から確実に利子を受け取れるし、売買することで差益も手に入れることができる。

政府にとっても、毎年、40兆円前後の新規国債を増発し続けるには、国債の大口の買い手を見つけなければならないが、その役割は民間銀行を窓口にした日銀の国債大量買入によって支えられたわけである。このやり方は、民間銀行を介した日銀による間接的な国債引受との評価も成り立つ。これは、国債の日銀引受を禁止した財政法第5条に、事実上、違反する。

超金融緩和政策のもとで供給されたマネーは、日銀—民間銀行—政府の内部で循環し、マネーを必要としていた多数の中小企業や地場産業には行き渡らず、貸し渋りが続けられた。銀行の

図1－4　国内銀行の貸出・預金・国債保有残高

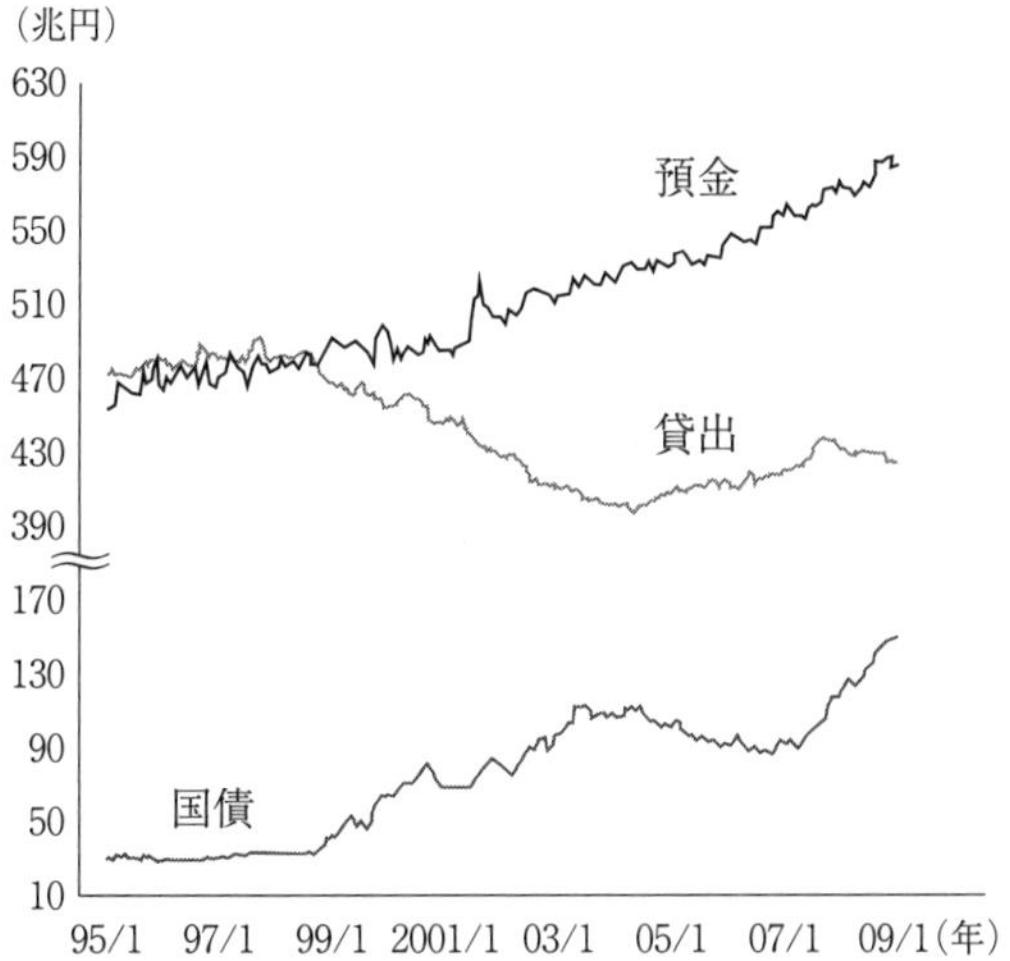

(出所) 日銀資料、日本経済新聞　2010年10月15日

帳簿が証明するのは、対企業貸出の減退であり、それとは対称的に、国債保有高が増大していった(図1－4)。

大企業は、内外の金融・証券市場から資金を調達できるので国内銀行からの借入は必要としていなかった。その分、銀行には貸出余力がありすぎるほどあったはずである。それなのに、銀行から

の借入を求めていた中小企業へは貸し渋ってきた。

銀行の言い分は、中小企業に貸すと、返済が滞り、不良債権になるリスクが高い、ということにある。だが、「預金の受入と貸出」は、銀行の本来の業務のはずで、この業務を実施することを条件に、預金取扱機関としての銀行業の看板が認可されている。そのうえ、大手銀行は、バブル崩壊で経営危機に陥ったとき、公的資金で救済してもらったことなど忘れ、社会的責任やステークホルダーの利益を顧みず、国家財政と中央銀行への「タカリの構造」のなかで、自行の利益を追求することに勤《いそ》しんできた、といえる。

これでは、景気は回復しないし、一時的に回復してもすぐに反転する弱含みの「回復」に終わってしまう。その一方で、政府債務と国債発行高は膨張し続ける結果になる。

3　政府債務と国債バブルのリスク

財政破綻の先行事例——ギリシャと夕張市

国債がどんなに高値で取り引きされ、投資家や金融業に利益をもたらしたにせよ、国債は一般会

表１-３　ギリシャの財政再建対策

（単位：100 万ユーロ）

		2010	2011	2012	2013	2014	2010～2014
歳入	VAT 引き上げ	800	1,000				1,800
	VAT 課税ベース拡大		1,000	300			1,300
	燃料税	200	250				450
	たばこ税・酒税	250	350				600
	企業に対する特別課税		600			−600	0
	グリーン税		300				300
	その他		3,100	1,225	−625	−450	3,250
歳出	公務員給与（ボーナスカットなど）	1,100	500	600	500		2,700
	年金	1,850	750	250	200		3,050
	公共投資	500	500	500			1,500
	補助金			800			800
	その他	1,100	800	1,000	500		3,400
	その他（内訳不明分）			900	4,200	5,750	10,850
合計		5,800	9,150	5,575	4,775	4,700	30,000
（GDP 比）		2.5	4.1	2.4	2.0	1.9	13.0

（注）歳入がマイナスになっているのは時限措置の終了によるもの
（資料）ギリシャ財務省資料より作成
（出所）山口綾子「ユーロに影を落とすギリシアの財政再建対策」News letter（No. 15、2010）国際通貨研究所、2010 年５月 31 日、５ページ

計を発行母体にした政府の債務証書である。したがって、その返済は、最終的には、納税者の支払う税金に依存する。もし、財政が破綻した場合、それはどのような事態をもたらすか、２０１２年に財政破綻したギリシャ（表１－３）と２００６年に財政破綻した夕張市の例を紹介しよう。

ギリシャでは、各種の国民向けの公的サービスが真っ先にカットされ、財政再建のための大増税が行われた。

まず年金の支給開始年齢が１０歳先延ばしされた。従来は、５０代半ばで現役時代の給与の約８割が年金として支払われたが、今後

は、60代半ばまで延期され、支給額も大幅に減額される。ギリシャの中高年の人生設計は暗転する。公務員の給与も2014年まで凍結され、ボーナスは廃止される。公共投資や補助金も削減される。その結果、223億ユーロの歳出削減を実現する。

財政再建のための増税が行われ、日本の消費税にあたる付加価値税（VAT）は、19%から23%へ4%も引き上げられる。加えて、燃料税、酒税、タバコ税なども引き上げられる。企業への特別課税も実施する。これにより、77億ユーロの歳入増を実現する。こうした財政再建策によって、2010年から14年までの5年間で、300億ユーロの財政改善をめざす。◆11

財政の破綻と再建が国民生活に与える影響については、むしろ、わが国の夕張市の事例がより身近で具体的である。

夕張市のホームページ「夕張市財政再建の基本的枠組み案について」（2006年11月14日）によれば、360億円の赤字の解消のために、4年間で、次のような措置が採用された。①職員数を半減させ、給与も30%から60%を削減し、年収はほぼ40%減とする。②市民税・公共施設・下水道使用料が大幅に引き上げられる。③小中学校が統廃合され、各種の教育施設、集会施設、体育施設が廃止され、また子育て支援、ホームヘルパー派遣事業、高齢者敬老パス、消費生活安定対策費、交通安全対策費、などが廃止される。

この二つの例が示しているのは、財政破綻に直面した時に当局が採用する典型的な措置、つまり財政赤字を穴埋めするために大幅増税を断行することで歳入を増やし、歳出の削減には公共施設や国民生活関連予算をカットする緊縮財政が強行される、ということである。古くから国の予算を決めるための心得（「入るを量りて出ずるを為す」）を企業や富裕層でなくもっぱら一般国民＝主権者の負担で実行することである。

住宅ローン金利と家計の圧迫

日銀の超金融緩和政策に支えられて増発され、1京円の天文学的売買高を記録する国債市場は、経済実体を反映しないバブル市場にほかならない。国債バブル市場はいつ破裂してもおかしくない。内外の何らかの要因により国債市場から資金が逃避し、国債価格が短期間に暴落する事態（＝国債金利の暴騰）は十分あり得る。「リーマン・ショック」後、トヨタ自動車の株価は6000円台から3000円台に半減したように、国債価格の暴落は保有する金融資産の暴落を意味するので、年金積立金が国債に運用されていたら、年金給付金が削減される事態も想定される。

国債バブルの崩壊は、経済社会に深刻な影響を与える。まず、金利面での影響である（図1－5）。代表的な長期国債の流通利回り（金利）は、各国の長期金利の基軸金利として機能しているので、企業の長期プライムレートや家計の住宅ローン金利などは、長期国債の利回りの動向によって決定される。

いま国債バブルが崩壊し、長期国債の流通利回りが2％上昇したとすると、住宅ローン金利は、大体それに先行して2%以上上昇する。かりに、返済期間30年、当初金利2%で、3000万円のローンを組んでいた家計の場合、毎月の返済額は、金利が2%上昇すると、11万886円から14万3224円となり、3万2338円も増える。ローンの返済総額も、3991万8769円

図1-5　国債価格上昇＝利回り・金利低下 VS 国債価格下落＝利回り・金利上昇の意味

国債の市場価格の変動

国債は発行時点で利払いが確定される確定利付の金融商品。例えば、

額面100万円で表面金利2%と確定された国債を買った投資家は、国債償還まで政府から毎年2万円の利子を受け取る

国債需要増大で200万円に上昇

200万円を使って買った国債なのに2万円の利子しか受け取れないので、利回りは1%（＝2万円／200万円×100%）へ低下＝この利回りは新規国債の表面金利の水準を決定するので
以後、政府は1%の低い表面金利で国債発行可能＝国債利払い費用が減額・財政負担減

国債需要減少で50万円に下落

50万円で買えた国債なのに2万円の利子を受け取れるので、利回りは4%（＝2万円／50万円×100%）へ上昇、この利回りは新規国債の表面金利水準を決定
以後、政府は4%以下の表面金利での国債発行不可＝国債利払い費用が増大・財政負担増

（注）10年物長期国債金利は、1年超の貸付金利・預金金利・住宅ローン金利などの基軸金利であり、これらの金利水準を決定している。利回りとは、投資額に対する年間収益の比率のこと
日銀の異次元金融緩和の国債買入➡国債需要増大➡国債価格上昇➡国債金利低下➡政府の国債利払い費用の減額➡一般会計予算の「国債費」減額へ

から5165万710円に増え、1173万1941円も多く支払うことになる。

国債バブルの崩壊↓長期金利の上昇↓住宅ローン金利の上昇は、一般家計の生活を直撃する。銀行からの借入金に依存する中小企業の場合も、借入金利の上昇は経営を直撃する。その結果、住宅ローンや借入金の返済が困難になり、家計や中小企業の資金繰りが悪化し、場合によっては破綻する。

政府の国債利払い費も、新規発行国債の金利上昇を反映し増大するので、ますます借金返済の「国債費」に予算が食われ、社会保障関係費などの予算が削減される結果をもたらす。

このような国債バブルの崩壊にともなう長期金利の変動リスクを最小限に封じ込めるには、市場の動向を野放しにするのではなく、日銀と政府がそれぞれの立場で市場に介入する政策の展開が不可欠である。この点では、戦後の公的金融システムの優位性を高次元において復活する必要もあろう。高次元という意味は、情報開示と透明性の確保、ルールの明確化と厳しいペナルティを組み込むことである。

市場に対する盲目的な信頼と市場原理主義が各種のバブルを繰り返し発生させ、結果的にリーマン・ショックと世界恐慌をもたらした。そこから導かれる教訓は、市場への規制である。バブルの膨張と崩壊を繰り返すアメリカ、イギリス、日本など、新自由主義的、市場原理主義的な政策を採用している国と比較して、ドイツのように土地の売買規制などの社会的な規制を優先している国ではバブルは発生しないか、発生しても軽微であることに、もっと目を向けるべきであろう。

政府債務のリスクをめぐって

国債残高が1000兆円まで膨張するプロセスとは、金融緩和基調のもとで国家と中央銀行を相手にした金融資本の資本蓄積のプロセスであり、その結果、現代日本は異次元ともいうべき深刻なリスクを抱え込んでしまった。財政と金融に依存した「企業国家」・「金融立国」をめざす経済運営が行われる限り、政府債務と国債バブルのリスクは、家計部門や中小零細企業に転嫁される。

新しい財源を求めようとする政策展開の延長線上に、消費税の導入と税率の引き上げが行われてきた。これに先立って、国有資産を民営化し、民営化株式の売却代金を国債償還財源に繰り入れる一連の民営化政策が存在した。1980年代半ばの日本電信電話公社の民営化によるNTT株式の売却は、株式バブルの波に乗ってたった3回の売却でも、10兆円を超える売却代金が調達され、国債の償還を担う国債整理基金特別会計に繰り入れられた。郵政民営化はNTT株式の売却代金をはるかに上回る民営化として皮算用された。

NTT株式の売却は、戦後マイナーな存在であった株式市場と証券会社の地位を向上させ、ビジネスチャンスの拡大に大きな役割を発揮し、その後の金融ビッグバン、「金融立国」へと誘導する役割を担った。民営化の理由とされた公的機関の天下りと無駄遣い問題など、天下りや無駄遣いを禁止する法律を通せば問題が解決するので、民営化する必要などなかったはずである。地方圏では採算の取れない郵便局が廃止され、国民は迷惑を被っている。民営化の本当の狙いは別にあった。それは、新しい財源探しであり、また関係業界への国有財産のバーゲンセール・官業の格安の払い下げである。これは、資本による国有財産への「タカリの構造」である。

巨額の政府債務をめぐるジャック・アタリの見解によれば、「過剰な公的債務に対する解決策は、これまで八つ存在する。そして現在も、その八つが存在する。増税、歳出削減、経済成長、低金利、インフレ、戦争、外資導入、デフォルトである。これらの戦略のなかで、インフレは頻繁に利用される◆12」、と指摘する。世界に冠たる超高齢社会の日本は、「貧困・格差大国」でもあり、「99%の国民◆13」はGDPの2・6倍に達する1441兆円の膨大な政府債務の返済能力を持ちあわせていない。したがって、この膨大な政府債務の返済は、応能負担による解決しか残されていない。債務返済の財源は、たとえば、賃金削減・法人税減税などで溜め込んだ大企業の内部留保金約511兆円、対外純資産約411兆円、富裕層純金融資産約364兆円などへの「救国特別増税」を実施したり、大企業の特別減税や金持ち減税をやめ、所得税、相続税の最高税率を1980年代の70%台に復活させ、金融取引税や環境税の新設などに求められるであろう。

避けたいのは、国民への重税であり、終戦直後のようなハイパーインフレと預金封鎖などによって、国民に「竹の子生活」を強いることで、政府債務の負担を洗い流すような事態である。

おわりに

大資本による国家財政への「タカリの構造」は、利益誘導型の政治を推進してきた族議員たちと、その政策立案を担当してきた官僚システムによって維持されてきた。このような「タカリの構造」と経済社会システムが抜本的に改革されない限り、政府債務大国とバブル経済からの脱出は不可能である。政・官・財の癒着の構造＝「鉄の三角形」[◆14]を解体し、日銀の独立性を保証し、財政の民主的な運営を徹底させることであろう。

注

◆1 現代日本の政府債務残高の対GDP比2・6倍の水準は、財政破綻したギリシアの1・7倍やもう一つの政府債務大国のイタリアの1・4倍を大幅に上回っている。各国の政府債務残高の動向と推移については、IMF：World Economic Outlook Database, April 2023、を参照。

◆2 IMF, World Economic Outlook Database, April 2023 Edition https://www.imf.org/en/Publications/WEO/weo-database/2023/April/select-country-group

◆3 マルクス『フランスにおける階級闘争』、大月書店・国民文庫、1960年、33ページ。

◆4 マルクス『資本論』第1巻、新日本出版社・新書版4、1983年、1294ページ。

◆5　マルクス『資本論』第3巻、新日本出版社・新書版11、1988年、823ページ。

◆6　拙稿「現代の金融資本と金融寡頭制」『経済』2017年11月号、を参照されたい。

◆7　イギリスの国際政治経済学者S・ストレンジは、1986年、投機的な国際金融取引が活発な現代資本主義の特徴を『カジノ資本主義（Casino Capitalism）』（小林襄治訳、岩波現代文庫、2007年）と命名した。本書では、「カジノ資本主義」の経済主体である金融独占資本の資本蓄積運動に注目し、「カジノ型金融独占資本主義」と命名している。

◆8　現代の国債ビジネスについては、拙著『国債がわかる本——政府保証の金融ビジネスと債務危機』大月書店、2013年、を参照されたい。

◆9　朝日新聞2010年11月13日付。

◆10　国債の売買高は売りと買いの往復計算で表示されるので、他の市場規模に換算するには2分の1に表示する必要がある。2022年度の3・4京円の売買高は1・7京円となる。

◆11　日本経済新聞2010年12月21日付。

◆12　ジャック・アタリ・林昌宏訳『国家債務危機——ソブリン・クライシスに、いかに対処すべきか?』作品社、2011年1月、175ページ。

◆13　「99％の国民」（We are the 99%）との表現は、リーマンショック後に発生したアメリカの市民運動の標語である。詳しくは、ライターズ・フォー・ザ・99％著・芦原省一訳『ウォール街を占拠せよ——はじまりの物語』（大月書店、2012年）を参照。

◆14　イギリス『エコノミスト』2009年9月3日号。

第2章　異次元金融緩和とはどんなしくみか

――国債ビジネスと官製株式バブルで貧困・格差の拡大

現代日本を崖っぷちまで追い詰めたのは、第2次安倍政権以来のアベノミクスと異次元金融緩和政策といえる。安倍政権が成立すると、日本銀行は、2013年4月4日、金融機関の保有する国債を毎月7兆円ほど買い入れ、市場に供給する資金量を2年間で倍増させ、物価を2％上昇させるという「これまでと次元の異なる金融緩和」に踏みだした。この異次元金融緩和政策は、第2次安倍政権の経済政策＝アベノミクスが、日銀法の「改正」を盾にとって、日銀に強要した政策であった。消費税増税に加え、物価を2％も上げられたら、国民生活にとってダブルパンチである。

だが、この政策が実施されると、民間金融機関は、保有する国債を日銀が大量に買い取って潤沢に資金を供給してくれるので、低成長下でも経営を好転させることができる。政府にとっても、金融市場に大量の資金が供給され、国債の市中消化基盤が拡大し、「財政出動」の財源を調達するための国債を増発しやすくなる。国債の投資家たちにとっては、日銀に支えられた格付の高い金融商品が供給されるので、安心して国債に投資でき、ますます国債ビジネスに拍車がかかる。

本章の目的は、「アベノミクス」の異次元金融緩和政策の特徴と問題点、および日銀の国債大量買入のリスクを検討することにある。この問題を追跡すると、そこに見えてくるのは、消費税増税など、国民の負担によって国債担保が強化されつつ、政府の債権者になった金融機関などの国債投資家が低成長下の新しい収益源として国債ビジネスに傾注し、政府と日銀がそれを支えている構図◆1である。

1　超金融緩和政策で活発化する国債ビジネス

異次元金融緩和政策の特徴

第2次安倍政権の放った3本の矢（金融緩和・財政出動・成長戦略）のうちの鏑矢《かぶらや》ともいうべき矢は、日本銀行を巻きこんだ「異次元の金融緩和」政策である。非伝統的と評価される超金融緩和政策の特徴は、以下のようである。

第1に、メディアを利用し強いメッセージを発信し、世の中の雰囲気を変え、期待感を高揚させようとする一種の「口先介入」を先行させたことである。「異次元の金融緩和」、「2年で2倍の資金供給」、「国債買入月7兆円」といった強いメッセージは、情勢を先読みして動く内外の投資家の関心を目覚めさせ、すぐに国債価格の上昇、株高、円安となって表面化し、「安倍バブル◆2」が発生した。「安倍バブル」によって、国債・株式などを保有する内外の投資家・企業・金融機関・富裕層の金融資産価格は上昇し、含み益や売却益といった利益を獲得できた。だが、国民生活は、円安による輸入物価の上昇で物価高に直撃された。

第2に、金融政策の操作対象を金利から資金供給量（マネタリーベース＝社会で流通している現金と金融機関の日銀当座預金残高の合計）に変更し、この資金供給量を2年間で2倍にし、日本の経済社会に溢《あふ》れかえるマネーを注ぎ込もうとしたことである。すでに金利はゼロ近傍に張り付いているので、これ以下に下げようがないので、「異次元の金融緩和」を実施するには資金供給の量そのものを増大させることになったわけである。実体経済の成長をともなわない過剰なマネーの供給は、金融資産や不動産関係のバブルを膨張させることになった。

第3に、資金供給を倍増させるやり方は、日銀が毎月7兆円ほどの国債を金融機関から大量に買い入れ、その買入代金を提供するやり方（金融機関の日銀当座預金残高の積み増し）である。日銀が毎月7兆円もの国債を買い入れるようになると、それは新規に発行される国債の7割◆3ほどが日銀によって引き受けられることになり、国債発行の歯止めは失われた。

第4に、日銀が、株価や不動産価格の動向に直結するリスクの高い金融資産（株式ＥＴＦ、不動産Ｊ－ＲＥＩＴ）も買入対象にしたことである。「異次元の金融緩和」は、資金供給量だけでなく、リスクの高い金融資産にも手を出す「質」にも配慮した「量的・質的金融緩和政策」の特徴を持つ。これは、「アベノミクス」の金融政策のねらいが株価や不動産価格も吊り上げようとしたことを示唆している。

そもそも、2年間で物価を2％上昇させるために、「あらゆることを実施する」（当時の黒田東彦《はるひこ》日銀総裁）、といった金融政策は尋常ではない。常識的には、中央銀行は「物価の番人」として、国民生活を破壊し、社会を混乱させるインフレ・物価高を抑制するインフレ・ファイターの役割を演じるはずであるが、それとは逆に、インフレ・物価高を発生させる役割を引き受けているところに、異次元金融緩和政策の異常性が表れている。

国民生活を直撃、実体経済は低迷

このような特徴を持つ「アベノミクス」の金融政策がフル回転をはじめると、そこにどんな経済効果が出てくるのか。問題は、国民生活の向上と経済社会の安定に直結する実体経済の成長をともなうのか、どうかである。その答えは、ＮＯ！　であった。

周知のように、賃金は長期間停滞し、国民の可処分所得が減退している近年、さらに物価が上がれば、それだけ国民生活は困窮化する。そのうえ、ここに2％の物価上昇と10％の消費税増税がのしかかったので、「アベノミクス」は、国民生活をいままで以上に困難にしてしまった。これでは、国内需要の大黒柱である個人消費はますます冷え込んでしまい、実需をともなった景気回復は期待できず、実体経済は活性化しない、経済は成長せず、脆弱《ぜいじゃく》化する。

企業の設備投資に対する姿勢は慎重なままである。日銀短観（2013年3月）によれば、大企業製造業の設備投資計画は、前回（2012年12月）と比較して、下方修正され、円安で業績は好転しているが、設備投資は削減する、◆4といった後ろ向きの企業姿勢が顕著に表れていた。当時270兆円に達する内部留保金はそのまま「埋蔵金」として確保し、設備投資に回すでもなく、賃上げにも回さないので、実体経済は、いままでのような低迷が続くことになった。

さらに、過去の景気回復のエンジンであった輸出ドライブも、作動しなかった。欧州の政府債務危機で欧州向けの輸出は落ち込み、またアジア向けも弱含みで推移したためである。とくにアメリカに代わって戦後最大の貿易相手国になった中国◆5との貿易は停滞している。日本の貿易総額に占める割合（2011年現在）は、中国が20・9％と最大であり、2位のアメリカはその半分の11・9％に過ぎない、3位は韓国の6・3％である。当時の安倍内閣の閣僚を含む国会議員の靖国神社参拝は、中国や韓国の反発を招いた。だが、中国や韓国などアジア諸国との貿易なくして日本経済は成り立たない時代である。閣僚や総理がA級戦犯を祀る靖国神社に参拝することは、ドイツに例えていえば、メルケル首相とその閣僚がヒットラーのお墓参りをすることと同じである、と警告するのは、イギリスの代表的な新聞フィナンシャル・タイムズ紙の特集◆6である。当時の安倍政権は国際社会の常識から逸脱していた、といってよい。

国民生活はますます困難を増した。というのも、円安による輸入物価の上昇は、食料品やガソリンなど、自給率の低い生活関係物資の価格を上昇させたからである。賃金が横ばいか、削減傾向にある中で、物価が上昇すると生活苦は倍増する。他方で、輸出で稼ぐ日本の大企業は円安のメリットを享受し、経営を好転させた。

このような状況にあるにもかかわらず、「アベノミクス」は鏑矢の「異次元の金融緩和」政策をフル稼働させ、国債の大量買入に邁進した。その本来の目的と意味はどこにあったのか、「アベノミクス」の狙いとリスクを読み解こう。

活発化する政府保証の国債ビジネス

「異次元の金融緩和」は、日銀による金融機関からの国債大量買入のやり方で実施されるが、そのような政策展開の要になっている国債とはそもそも何か。国債はともすると、政府の発行する債務証書（借金証書）と理解されがちであるが、それはメダルの一面である。国債とは、政府が税金によって利子と元本の支払いを保証する最も信用力のある第一級の金融商品にほかならない。国債は、各国の金融市場の中心的存在でもある。内外の金融機関は、国債の最大の投資家であり、国債市場から莫大な利益を獲得している。政府が税金によって国債の元利金（元本の償還金と利子の支払金）の支払いを確実に保証する国債ビジネスは、株式や為替のビジネスとならぶ、現代金融資本の利益の主な源泉にほかならない。

国債発行額が減らされると知った時、大手銀行の幹部は次のように述べていた。「国債が玉不足になることは、金融機関にとって、引受手数料、ディーリング益、クーポン（表面利率）収入が減るという点で、まさにトリプル・パンチなんです」[7]。この言葉は、１９９０年代初頭に国債発行がゼロになると予測された１９８８年当時の大手銀行幹部の言葉である。当時の国債発行当局（大蔵省）も、「（昭和）六五年（１９９０年）以降赤字国債が発行されなくなるため、資金の運用先がなくなることを心配した金融機関の担当の方が、最近よくお見えになるんです[8]（福田誠・大蔵省主計企画官―当時）」、と述べている。これは、政府の発行する国債が金融機関の重要な資金運用物件であることを示す。金融機関にとって、不況期や資金需要の低迷する時期には、国債は、過剰な貨幣資本の新たな資金運用物件であり、絶好の安定した投資物件となる。

国債は、政府が利子の支払いと元本の償還を保証しているので、資金を運用しようとする内外の投資家（最大の投資家は各国の金融機関や投資ファンド）にとっては、株式などよりも安心して投資できる信用力の高い投資物件だからである。株式の場合は、その発行主体がどんなに巨大企業であっても、企業業績が好不況の景気に左右され、赤字になると配当金が出なかったり、万一倒産した場合には、配当金どころか株式そのものが無価値の紙屑になってしまうからである。

だが、政府が「倒産」することはまずありえず、国債の利子や元本は、国家の徴税権力を行使して徴収した税金によって担保されているので、景気変動の影響を受けることなく、利子は年２回、元本は償還期日に、かならず満額支払われる。国債は数多くある多種多様な金融商品の中でも、投資にあたってもっとも信用力の高い評価のＡＡＡ（トリプルエー）といった最高の格付を持つ金融商品となる。

このような高格付の金融商品の国債が減額されたり、発行されなくなることは、金融機関などの国債投資家にとって、安全で大口の投資物件を奪われることになり、大きな損失を意味する。大手銀行幹部の主張する国債の「引受手数料」とは、当時、国債引受シンジケート団を結成し、発行される国債を引き受けると０・６３％の手数料が入るので、たとえば１０兆円の国債を引き受けると６３０億円の手数料が獲得できた。「ディーリング益」とは、銀行や証券会社が会社の資金で国債の売買取引（ディーリング）をして獲得する利益＝国債売買差益のことである。「クーポン（表面利率）収入」とは、国債は確定利付証券であり、発行時点で、券面には国債の買い手に支払われる利子率（クーポン〔表面利率〕）が明記されている。当時の利子率は高水準であり、かりに額面が１００億円でクーポン（表面利率）が６％の国債の場合、この国債を買った投資家は、年間６億円の利子を政府から受け取ることができた。政府が国債を発行しなくなったら、これらの国債関係の利益が激減することになる。民間金融機関にとっては、まさに「トリプル・パンチ」をくらうことになる。

第２次安倍政権の初年の２０１２年９月末時点の国債の保有者別内訳（図２−１）をみると、銀行や生損保などの民間金融機関は、５８４兆９２０６億円（総額９４８兆４１７７億円の６１・７％）を保有していたので、国債の元利払い金総額（２２兆２４１５億円）の６１・７％にあたる１３兆７２３０億円を受けとっていた。不況の長いトンネルの続く日本経済にあって、金融機関、とくに預金取扱機関の銀行は、預金者には０・０２１％（１２年４月現在の普通預金の平均金利）とい

図２－１　国債の保有者内訳の推移

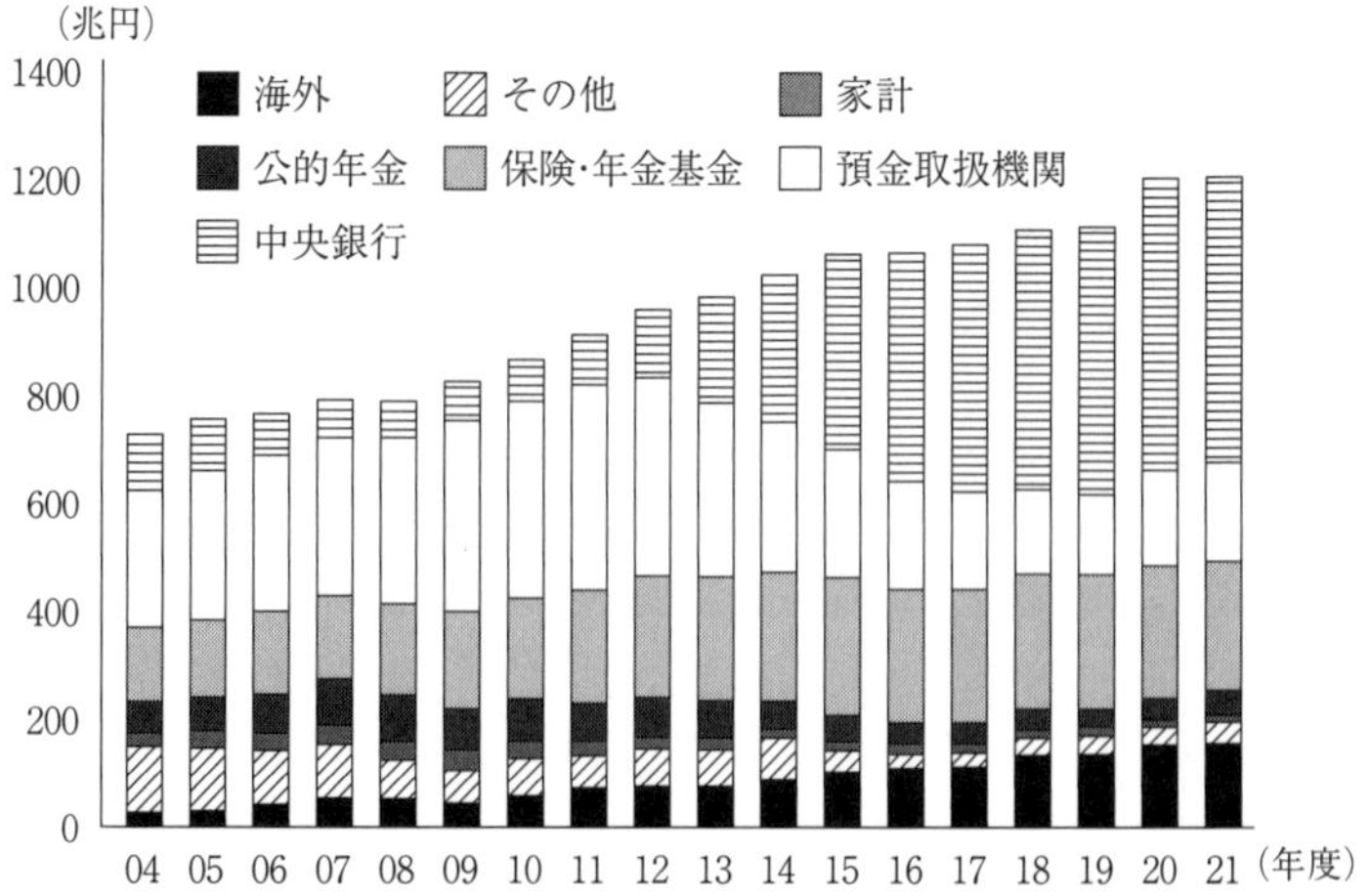

（出所）日本銀行調査統計局『参考図表 2022年第4四半期の資金循環（速報）』2023年3月、10ページ

う低い利子の支払いにとどめる一方、政府からはこれだけ巨額の元利払い金を受け取っている。しかもこの金額は、国債の発行市場から得た利益にすぎない。

国債ビジネスのあり方は、国債市場と金融・証券市場の動向を反映してきた。普通国債発行残高の利率加重平均が６～７％台だった１９９０年代までの高金利の時代では、国債ビジネスは、国債を長期に保有し、政府から利子収入を獲得するビジネスがメインとなっていた。もちろん、１９８４年に国債のバンクディーリングが認可されて以来、銀行・証券会社の債券ディーラーによる活発な国債売買差益の追求も並行して行われていた。

２０００年代に入り、国債の利率加重平均が２％から１％台に低下し、さらに異次元金融緩和政策下の２０１７年度末に０・９５％とゼロ

％台にまで低下してくると、長期保有による利子収入は激減してきた。国債ビジネスは、インカムゲイン狙いの長期保有から、キャピタルゲイン狙いの短期売買を活発化させる。売買速度も、ＩＴ革命の成果を取り入れ１秒間に数千回の高頻度取引（ＨＦＴ）で執行されるようになり、国債売買高は天文学的な金額に達し、２京円を超過する。国債流通市場は内外の大口投資家（金融機関や投資ファンドなど）が支配する一大投機市場に変容した。

しかも、異次元金融緩和政策下、日銀の国債大規模買入に支えられ、利率加重平均が０・７６％（２０２２年度末）といった歴史的にも例のない異常な低金利を記録[9]するようになると、民間部門の国債保有割合は激減する。代わって日本銀行が主要な国債保有者として登場する。すると、国債ビジネスは、日銀相手に国債を売買する日銀トレード[10]が行われるようになり、民間金融機関は日銀相手にリスクフリーで国債売却益を稼ぐようになる。

メガバンクの利益の３割を占めた国債売買差益

格付が高く、発行額も巨額の国債は、高い流動性を持ち、いつでも、どこでも売買が可能な金融商品である。金融機関など、国債投資家は、すでに発行され、市場で売買されている国債の流通市場からも巨額の利益（国債売買差益）を受け取っている。それは、さきの大手銀行幹部のいう「国債ディーリング益」である。

表2-1　3メガバンクの純利益に占める国債等の売却益

（単位：億円、%、2013年3月期決算）

	国債等売却益(A)	純利益(B)	A/B(%)	業務純益
三菱UFJ	3,223	8,525	38	11,634
三井住友	1,138	7,940	14	8,123
みずほ	2,204	565	39	8,463

（出所）朝日新聞2013年5月14日付

国債ディーリングとは、銀行や証券会社が、自行・自社の巨額の資金（自己勘定）を使って、不特定多数の顧客（このなかには日銀も含まれる）を相手に大規模に国債を売買することであり、その結果手にした国債の売買差益が国債の「ディーリング益」（「トレーディング益」ともいわれる）である。

株式・不動産バブルが崩壊した1990年以降、経済成長は低迷し、賃金は削減され、国民生活は苦しくなる一方なのに、国債売買市場は、1京円を超える天文学的な市場に成長し、そこから引き出される国債売買差益は、3メガバンクの場合、数千億円に達した（表2－1）。

『日経ビジネス』誌は、「3メガバンクの2012年3月期最終利益は合計で2兆円に達した。しかし、その内訳をみると、国債の売買差益が利益全体の3割強を占める。一方で、本業の儲けを示す業務純益はいずれも微減、もしくは横ばいとなっている。銀行預金は国内全体で610兆円に膨らんでいるが、銀行の貸出金は420兆円にとどまっており、だぶついた預金が国債購入に充てられている」◆11、と指摘する。三菱UFJ銀行トップは、利益が銀行の本来業

表2-2　モルガン・スタンレー日本法人の収益率

（1988～2011年平均収益率）

資産クラス	年間平均収益率（%）
米国債	7.35
英国債	8.89
ドイツ国債	6.43
日本国債	4.00

（出所）Morgan Stanley フラッシュ・レポート2012年7月、4ページ

務の貸出業務からでなく、「国債に頼った決算だったことは間違いない」[◆12]、と記者会見の場で明言する。

カジノ型金融独占資本主義の特徴は、預金の受入と貸出といった実体経済の成長に貢献する手間暇のかかる銀行業務よりも、グローバルに連結されたコンピュータのディスプレイの前に座り、為替や債券価格の変動を利用し、さまざまな取引手法を駆使しながら高速の売買取引を繰り返し、効率的に売買差益を獲得しようとする投機的な業務を活性化させる。銀行の国債ディーリングへの傾注と国債売買差益の追求は、そのようなカジノ型金融独占資本主義を象徴する。

だが、預金が増えているのに、貸出が伸びず、資金ニーズの高い中小企業と地域産業に資金が供給されないなら、地域経済は低迷し、不況は長期化する。

国債ビジネスが金融機関の有力な収益源になっているのは、日本だけではない。世界の国債発行残高は、2011年第2四半期現在で、ほぼ43兆7000億ドル（約3496兆円＝1ドル＝80円で換算）に達し、日本国債とアメリカ国債がそれぞれ27%を占める

大口の市場である。ＩＭＦ（国際通貨基金）などもこの大口の日本国債の動向[◆13]に注目している。各国の金融機関は、主要国の国債に投資し、収益を獲得している。アメリカのウォール街に拠点を置く大手金融機関モルガン・スタンレー日本法人の収益率（表２－２）をみると、米国債７・３５％、英国債８・８９％、ドイツ国債６・４３％、日本国債４・００％であり、国債投資から長期間にわたってきわめて高い収益を得ていたことがわかる。各国の金融機関は、格付の高い主要国の国債ビジネスにおいて安定した高額の収益を獲得してきた。

２　バブルの膨張と歯止めを失う国債発行

膨張する国債バブル市場

国債市場は、各国において代表的な金融・証券市場の地位を占めているので、その動向は経済全体にも大きな影響を与えている。各国の中央銀行は、国債市場にさまざまな介入を行い、金融政策の効果を波及させている。日銀の異次元金融緩和政策も、主に国債市場を舞台に実施される。

２０１３年４月４日、「アベノミクス」の一翼を担った日銀初の政策委員会・金融政策決定会合[◆14]

が、月7兆円の国債買入を決定すると、金融市場はこれにすぐに反応し、長期金利の指標となる10年物長期国債の利回りは、0・425％へ暴落（＝国債価格は暴騰）した。経済界は、企業の借入金利コストを大幅に削減できるので、大歓迎した。

ひとことエコノミクス4

国債価格と利回り（金利）の関係

国債価格と利回り（金利）の関係は以下の通りである。国債の利回りとは、購入した国債が生み出す年間収益の割合である。価格が100万円の国債を買ってそこから得られる収益が2万円なら、利回りは2％となる。国債は確定利付証券として発行時点で利子（表面金利）の支払額は決まっているが、市場価格は変動するので、利回りと価格は反比例する関係にある。例えば、額面価格100万円表面金利1％（利子は償還まで毎年1万円が支払われる）の国債を購入した場合、この国債の市場価格が150万円に上昇すると利回りは0・66％に下落（1万円÷150万円＝0・66％）する。だが、市場価格が50万円に下落すると利回りは2％に上昇（1万円÷50万円＝2％）する。

国債の市場価格上昇＝利回り低下として表示される。ただ、国債市場は価格でなく、利回り（金利）によって計測され、表示されるマーケットである。これによって、多様な各国国債や通貨での異なる表示とは無関係に、グローバルに均一に百分率％で比較可能になり、内外の国債投資家は世界各国の国債市場に参入し、旺盛な国債ビジネスを展開できる。

日銀による民間金融機関からの国債の大量買入は、異次元金融緩和政策に先立つ量的金融緩和政策の発動時点（２００1年3月）でも、日銀が民間金融機関に「補助金」を与えるようなもの、との問題点が指摘されていた。「銀行にとって量的緩和がつづく限り日銀はいつでも国債の買い取りに応じてくれるという安心感がある。また金利の低下局面では、日銀の買い取り価格は当初の取得価格を上回る可能性が高く、その場合には売却益も確保できる。量的緩和により銀行部門はいわば継続して補助金が与えられてきたようなものである」[15]。

現代日本の国債売買市場は1京円という天文学的な規模にまで膨張した一大バブル市場になっている。このような国債バブルは、マイナス金利など異次元金融緩和政策に支えられている。

この点について、元日本銀行金融研究所所長の翁邦雄氏（元京都大学教授）は、以下のように指摘する。「償還価格が確定している国債は理論的にはバブルが起きにくい資産と考えられてきたが、中央銀行が損を被ることで政策的に国債バブルをつくれるというのがマイナス金利付き量的・質的緩和を可能にするメカニズムということになる。……しかし、国債を買った投資家は損失を覚悟しているわけではなく、日銀に売り抜ける利益を期待しているに過ぎない」[16]「日銀が損失を負担し償還価格以上の価格で国債を買うということは、日銀が長期国債市場で政策的にバブルを作っている、ということを意味する」[17]。日銀当事者のこの指摘は重大である。

そのうえ、日銀による国債の大量買入は、国債の大増発メカニズムにもなっている。すなわち、「長期資金は国債に回っている。『貸し出しを減らしている中で、利ざやが稼げ、最も安定している』と大手都市銀行の担当者。公募入札で落札した国債を最短で数日後、日銀に売って売却益を得る。『財務省と日銀の間をつなぐだけの取引』も盛んに行われている。『世界最大の「国債産出国」を支えているのは、日銀の量的緩和と貸し出しのリスクを取らない銀行のおかげだ』と財務省理財局の幹部。その量的緩和策を財務省が日銀にせっせとやらせている、と市場は見る」。[18]

それにしても、2年で2倍の資金を供給する異次元金融緩和政策は、従来の金融緩和政策とは次元を異にする。実体経済の低迷をよそに、国債・株式・不動産などのバブルが膨張する。とくにわが国の国債市場は、歴史的にも未体験ゾーンのバブル市場になっている。売買高が1京円を超え、10年物長期国債の流通利回りが1%を大きく下回り、2018〜19年度にはなんとマイナス0・005%や0・025%を記録（国債価格は記録的な暴騰）した。長期国債の利回りに示される長期金利の水準が1%を下回るような事態は、歴史的にも例がなく、これまでの最低水準は、1619年にイタリア、ジェノバ共和国で記録された1・125%が史上最低であった。[19]

このような国債バブルを利用し、国債売買差益を追求してきた大口の国債投資家の金融機関にとって、いかにしたらこのような国債バブルを継続できるのか、それが最大の関心事となる。そのために、日銀から国債を大量に買い入れてもらい国債への需要を創り出し、国債価格を高値で安定させ、また消費税増税などで国債の信用を維持するためのさまざまな政策を政権に要求する。

歯止めを失った国債発行と事実上の日銀引受

異次元金融緩和政策下、当時の黒田日銀は、国債の買いすぎを防ぐための「銀行券ルール」（日銀の長期国債の保有残高を日銀券の発行残高以下に抑えるルール）を凍結し、国債発行は歯止めを失った。

近年の一連の超金融緩和政策（ゼロ金利、量的金融緩和、包括的金融緩和、異次元の金融緩和）は、日銀が金融機関に安価なマネーを大量に供給することによって、民間金融機関の経営を救済しただけでなく、増発される大量国債の消化資金を提供してきた。そのしくみは、こうである（図2－2）。

①日本銀行が民間金融機関の保有する国債を買い入れ（国債買いオペレーション）、その買入代金（マネタリーベース）が民間金融機関に供給される。「異次元の金融緩和」では、当初から月7兆円の国債買入が実施されたので、新規発行国債のほぼ全額が日銀の買入によって消化され、大規模「財政出動」の安定財源が確保される。

②潤沢なマネタリーベースを日銀から供給される民間金融機関は、資金繰りが困難になることはなく、国債などの金融資産はいつも日銀が買い取ってくれるので、経営は好転する。そのうえ、銀行は、自己資本比率を8％以上に定めているBIS規制[◆20]を盾にとり、貸出金の不良債権化を嫌って、貸し渋りを続けた。打撃を受けたのは借入金に依存する多数の中小企業であり、地域経済である。

図２-２　国債発行と民間金融機関の国債ビジネスの仕組み

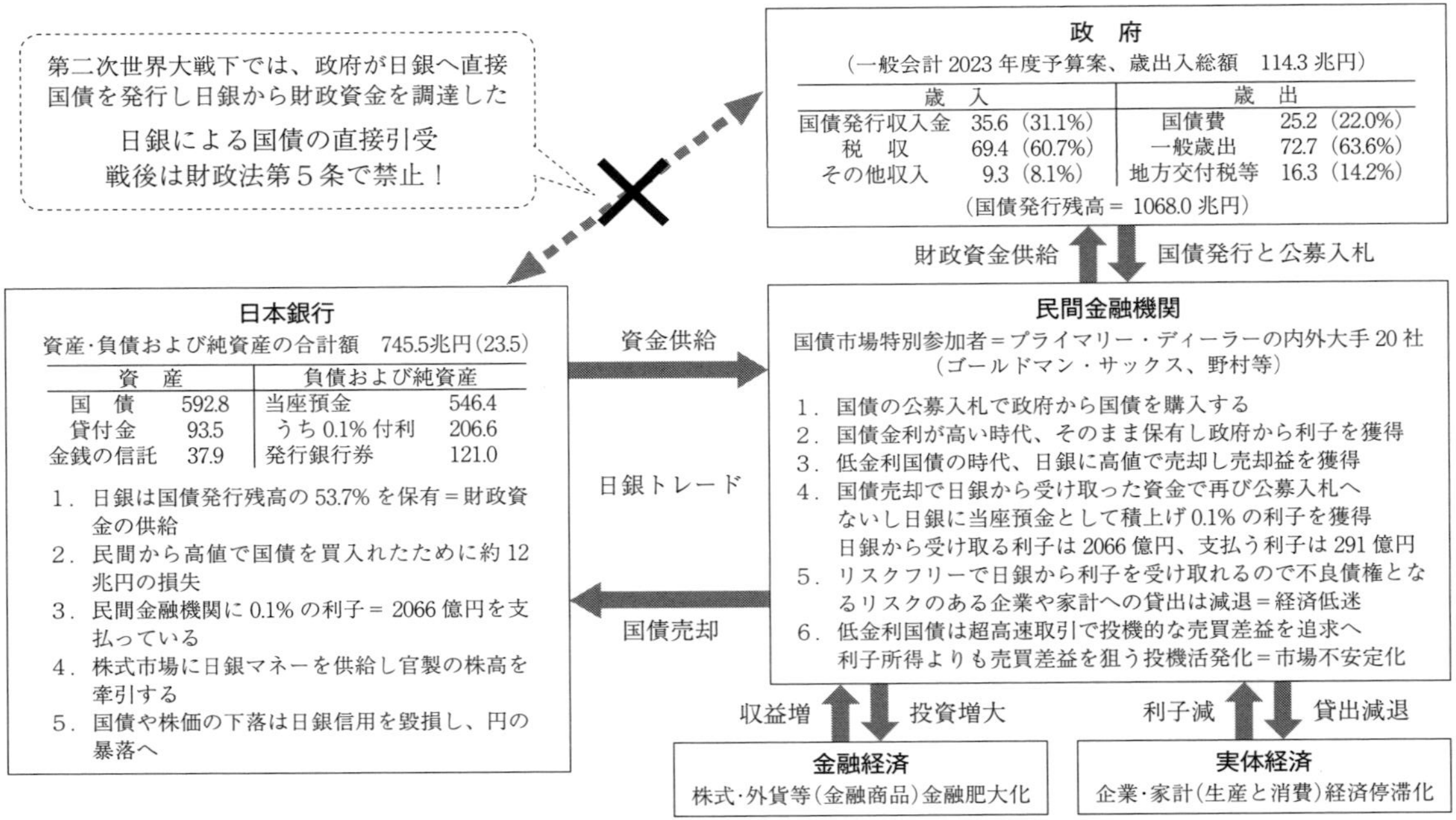
第二次世界大戦下では、政府が日銀へ直接国債を発行し日銀から財政資金を調達した
日銀による国債の直接引受
戦後は財政法第５条で禁止！
政　府
（一般会計 2023 年度予算案、歳出入総額　114.3 兆円）
歳　入
国債発行収入金　35.6（31.1%）
税　収　69.4（60.7%）
その他収入　9.3（8.1%）
歳　出
国債費　25.2（22.0%）
一般歳出　72.7（63.6%）
地方交付税等　16.3（14.2%）
（国債発行残高＝ 1068.0 兆円）
財政資金供給
国債発行と公募入札
日本銀行
資産･負債および純資産の合計額　745.5兆円(23.5)
資　産
国　債　592.8
貸付金　93.5
金銭の信託　37.9
負債および純資産
当座預金　546.4
うち 0.1% 付利　206.6
発行銀行券　121.0
1．日銀は国債発行残高の 53.7% を保有＝財政資金の供給
2．民間から高値で国債を買入れたために約 12 兆円の損失
3．民間金融機関に 0.1% の利子＝ 2066 億円を支払っている
4．株式市場に日銀マネーを供給し官製の株高を牽引する
5．国債や株価の下落は日銀信用を毀損し、円の暴落へ
資金供給
日銀トレード
国債売却
民間金融機関
国債市場特別参加者＝プライマリー・ディーラーの内外大手 20 社
（ゴールドマン・サックス、野村等）
1．国債の公募入札で政府から国債を購入する
2．国債金利が高い時代、そのまま保有し政府から利子を獲得
3．低金利国債の時代、日銀に高値で売却し売却益を獲得
4．国債売却で日銀から受け取った資金で再び公募入札へ
ないし日銀に当座預金として積上げ 0.1% の利子を獲得
日銀から受け取る利子は 2066 億円、支払う利子は 291 億円
5．リスクフリーで日銀から利子を受け取れるので不良債権となるリスクのある企業や家計への貸出は減退＝経済低迷
6．低金利国債は超高速取引で投機的な売買差益を追求へ
利子所得よりも売買差益を狙う投機活発化＝市場不安定化
収益増
投資増大
利子減
貸出減退
金融経済
株式･外貨等（金融商品）金融肥大化
実体経済
企業･家計（生産と消費）経済停滞化

（資料）財務省理財局『債務管理リポート 2022』他、財務省 HP、日本銀行 HP、『金融経済統計月報』2023 年３月、より作成

経済不況と雇用破壊は長期化する。

③日銀から銀行に供給された大量のマネーが向かった先は、リスク・フリーの安全な金融資産の国債であり、銀行は、貸出よりも、政府保証の国債ビジネスにシフトした。銀行の帳簿では、企業貸出が減退し、それとは対称的に、国債保有高が増大していった。国債を保有し、政府から確実に利子を受け取り、市場で国債を売買することで、国債売買差益が確保できるからである。

④政府にしても、毎年、40兆円を超える大量国債を新規に増発し続けるには、国債の大口の買い手を見つけなければならないが、その役割は日銀の資金供給によって強力に支えられた民間金融機関に演じてもらえた。

こうして国債増発のメカニズムがフル稼働しはじめ、国債発行はその歯止めを失ってしまった。これは、民間金融機関を介した日銀による間接的な国債引受◆21といえるであろう。国債発行による財政資金の調達先を辿《たど》っていくと、日銀のマネタリーベースに突き当たるので、日銀による財政ファイナンスによって財政赤字の穴埋めが行われている、といってよい。国債の日銀引受を禁止した財政法第5条は空文化している。

「アベノミクス」の2本目の矢は、10年間で200兆円の大型公共事業を実施する「財政出動」だったが、そのための財源は国債の増発に依存した。異次元金融緩和政策と日銀の国債大量買入は、国債増発メカニズムとなって作動し、「財政出動」のための財源となった。

当時すでにGDPの2倍ほどに累積した国債発行残高を抱えた「政府債務大国」日本は、「財政出動」で増発される国債を上積みしてきた。１０００兆円を超えて膨張し続ける政府債務の返済をどうするのか、「アベノミクス」は、この重大かつ火急な問題について、経済が成長すれば税収が増えるといった、実現しそうにない回答しか用意していなかった。だが、経済は成長せず、国債だけ累増した。

3　国債を保有する政府の債権者の財政支配

消費税増税を実現した政府の債権者たち

現在と将来の税収によって返済することになる国債が増発されると、租税制度も変質してしまう。「国債は、その年々の利子などの支払いに充当すべき国家の収入を支柱とするものであるから、近代的租税制度は国債制度の必然的な補足物になった」[22]とのマルクスの指摘は正鵠を射る。

租税制度は、財政本来の役割である国民福祉と社会のための財源というよりも、国債を買って政府の債権者になった金融機関・内外の投資家への借金返済のための補足物に変質するからである。巨額の累積国債を抱えこんだ国は、国庫が借金の返済に追われ、たえず新しい財源を追い求めるようになるので、国民と納税者は重税に苦しむようになる。

事実、現代日本の国債投資家＝政府の債権者たちも、国債の高い格付の後ろだてとなる新しい国庫財源を求めて、堂々と自分たちの利益を押し出してくる。すでに２０１１年に「消費税率を今後５年間で５％ずつ２回に分けて引き上げ、１５％にすべきだ」[◆23]と主張するのは、世界各国で国債ビジネスを展開する巨大金融機関の一つであるクレディ・スイス証券会長の松島正之氏（元日銀理事）である。この主張は、現代のグローバル経済とカジノ型金融独占資本主義を主導し、日本政府の債権者になった巨大金融機関の利益を正直に吐露している。

巨額の金融資産を国債で保有する政府の債権者たちにとって、自分たちの金融資産の価値を安定的に維持するためには、国債の元利払いが確実に実施されることが不可欠の条件となる。元利払いが延期（リスケジュール）されたり、まして不履行（デフォルト）になったりした場合は、国債という金融資産は暴落するので、一番確実なのは、国債の元利払いのための安定した財源を確保することである。

かくして、政府の債権者たちの消費税率引き上げの主張は実現し、消費税は２０１４年に３％アップされ、さらに２０１９年に２％アップされて１０％に引き上げられ、毎年ほぼ２０兆円が消費税からの税収として国庫に納入される。消費税は１９８８年度までは存在しなかった新しい税金である。国民が新しく負担することになった税金は、政府の債権者に支払われ、金融商品としての国債の担保が強化され、高格付が維持され、政府保証の国債ビジネスが活況を続ける一方、国民生活は増税で困窮化してきた。国民が35年間で負担した消費税累計額は約500兆円に達するからである。

だが、国債の元利払いは確実となり、金融機関・投資家は安心して国債投資を継続できるので、国債は増発され、大型公共事業や財政出動の財源が確保され、政府債務はさらに上積みされる。政府債務が上積みされると、政府の債権者の間では、リスケジュールやデフォルト・リスクなど政府債務危機から被る自分たちの金融資産の暴落の危機を回避するために、後ろだてとなる国庫収入を求め、増税を主張する。国債ビジネスの活発化→国債増発→政府債務累積→増税と緊縮財政、の悪循環が繰り返される。

この悪循環から見えてくる政府債務危機とは、政府の債権者になった金融機関・投資家など国債保有者たちの金融資産暴落と国民負担増・生活破壊の危機◆24である。

国債暴落のリスク

何かの契機で国債バブルが崩壊し、国債価格が暴落（＝長期金利の暴騰）すると、経済社会に深刻な影響を与える。国債という金融資産価格が暴落することによって発生する莫大な評価損や損失が国債保有者を直撃する。近年の国債の最大の保有者は、日銀なので債務超過に陥った中央銀行の信用が毀損し、国際社会から円の信認が失われ、円不安と円安の危機が進行し、円が暴落する。民間金融機関の場合には、銀行や生保・損保の経営危機が発生する。

長期金利の暴騰は、住宅ローンや企業の借入金利の暴騰を招くので、ローンの支払いが困難になり、家計の生活危機を招く。アメリカのサブプライムローン破綻とリーマン・ショックの光景がわが国でも出現する。銀行からの借入金に依存する中小企業の場合も、借入金利の暴騰は経営を直撃し、中小企業の経営破綻・倒産問題が深刻化する。

政府の場合、長期金利が上がれば国債の利払い費が暴騰するので、一般会計の国債費が膨張し、ますます借金の支払いに予算が食われ、社会保障などの一般歳出予算が削減される結果をもたらす。まさに「ギリシャ危機」の再燃となりかねない。国債暴落論が後を絶たないのはゆえなきことではない。

4　日銀の株式ＥＴＦ買入と株価対策

株価を2倍に吊り上げた政権

「株価連動内閣」と揶揄《やゆ》される第２次安倍政権は、日銀やＧＰＩＦ（年金積立金管理運用独立行政法人）の公的資金を株式市場に投入し、株高を演出してきた。政権誕生前の２０１２年１２月の日経平均株価は、１万３９５円であったが、異次元金融緩和政策が動き出すと株価は一挙に上昇し、１年後の１３年１２月には１万６２９１円へ上昇し、１７年以降は２万円台を大幅に上回った。他方、日本経済の実質ＧＤＰは、この政権の５年間で４９８兆８３０１億円から５３７兆７６８５億円へ、わずか１・０７倍の伸びなのに、株価だけ２倍以上も上昇する官製の株式バブルが発生した。

経済成長率や物価水準は１％前後に低迷し、実体経済の動向からすれば株価上昇の余地などないのに、２倍も上昇した背景は以下のようである。

第１は、異次元金融緩和政策そのものがグローバルに徘徊《はいかい》している投資マネーを国内株式市場に誘い込んだからである。歴史的にも空前の金融緩和策である異次元金融緩和政策と安倍元総理のニューヨーク証券取引所など海外でのアベノミクスの売り込み営業◆25は、目先のはやい海外投資家を日本株投資に駆り立てた。それは、アベノミクス始動の２０１３年の日本株の投資家別売買において、国内投資家の個人や金融機関はみな日本株を売り越している中で、海外投資家だけが日本株を１桁多い１５兆１１９６億円も買い越し、国内投資家の売り越し分をすべて吸収し、株価の上昇に大きく貢献したことに示される。

当初の株高は、国内投資家ではなく海外投資家によって実現した。だが、海外投資家は、目標を達成できないアベノミクスに疑念を抱き、一転して日本株の買越しセクターから売越しセクターになり、２０１５年には２５０９億円、１６年には３兆６８８７億円を売り越した。売越しが続くと、株価は下落するはずだが、海外投資家の株式売越し分を吸収し、株価下落を食い止めたのは日銀の株式ＥＴＦの買入とＧＰＩＦによる大規模の株式投資であった。こうした日本株市場の動向について、ロイター社はトップニュースで、「日本株、過去最大規模の攻防戦　止まない海外勢の売り」と報道した。◆26

ひとことエコノミクス5　株式ＥＴＦと日銀の買入

株価指数連動型上場投資信託（株式ＥＴＦ＝Exchange Traded Fund）とは、日経平均株価や東証株価指数（ＴＯＰＩＸ）に連動するように設計された金融商品であり、東京証券取引所などの金融商品取引所に上場され、いつでも売買できる投資信託である。株式ＥＴＦに組み込まれる株式は日経平均株価や東証株価指数を構成する日本の主要な株式会社の株式なので、日銀が株式ＥＴＦを買い入れると日銀マネーがそれらの会社の株式を買い支えることになり、日経平均株価や東証株価指数は上昇する。官製株式バブルは、民間の株式投資家とは異次元の存在である日銀による株式ＥＴＦの買入＝中央銀行による民間株式市場への信用供与によって発生している。世界の中央銀行は株式の買い支えなど禁じ手と認識しており、こんな株価操作をやっているのは日銀だけである。

第2に、日銀とＧＰＩＦによって公的資金が株式市場に投入され、巨額の人為的な株式需要を創出し、官製相場で株高を演出したからである。日銀は、日銀マネーを株式市場に投入し、株価を買い支えるため、株価指数連動型上場投資信託（株式ＥＴＦ＝Exchange Traded Fund）の買入額を拡大してきた。日本取引所グループによれば、[27] ２０１８年１０月３１日の株式時価総額は、６３４兆８０５５億円だったが、同日に保有する日銀のＥＴＦ累計額は２２兆２７９６億円であり、日銀は株式時価総額の３・５％を単独で保有する大株主になっている（簿価ベース）。ロイター社は、「日経平均は日銀のＥＴＦ買入で３０００円程度かさ上げされている」[28]との説を紹介し、官製株式バブルの規模を推計する。

ＧＰＩＦも株式への投資枠を２倍に拡大し、公的な年金積立金を株式市場に投入し、巨額の株式需要を創出することで安倍政権下の株高に貢献したからである。公的資金による株式の買い支えは、日銀とＧＰＩＦの株式売買の実務を引き受けている信託銀行の株式買越額が増大していることにも示される。中央銀行と公的年金積立金が株価対策に動員され、株式市場で巨額の需要を創出し、株価を政策的に吊り上げている異常な事態である。

株価の下落局面に集中するＥＴＦ買入

日銀はバブル崩壊後低迷する株式市場に対して、２０１０年１２月１５日、初めて１４２億円の株式ＥＴＦを買い入れた。[29] その後の安倍政権下の異次元金融緩和政策は、日銀の株式ＥＴＦ買入額

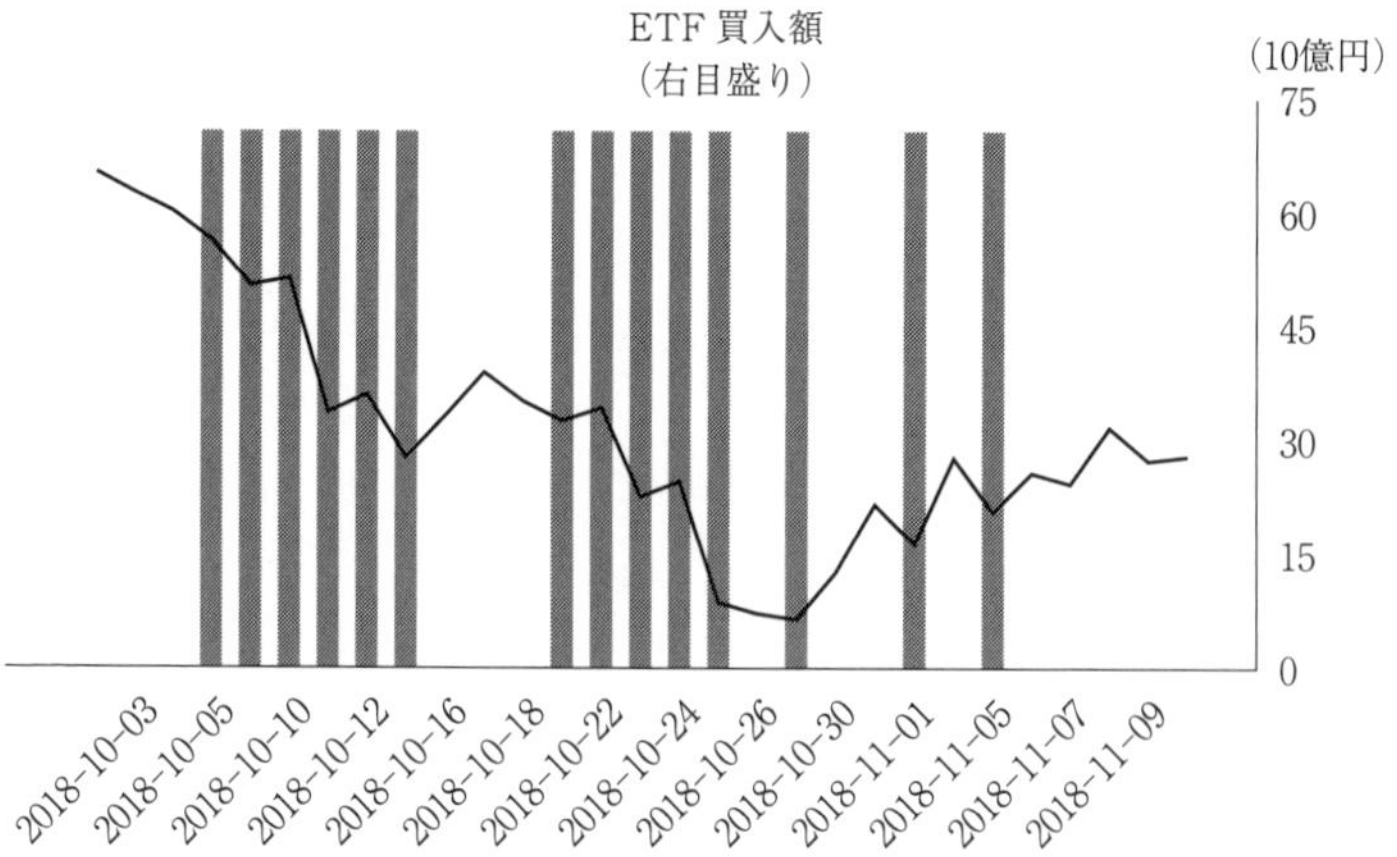

を激増させた。年間の買入額は、２０１３年４月から１兆円、１４年１０月から３兆円、１６年７月から６兆円、と増額の一途をたどってきた。

日本株指数に連動する株式ＥＴＦは、日経平均株価を構成する２２５社、東証株価指数（ＴＯＰＩＸ）を構成する東証１部上場企業約２１００社の株式銘柄などを組み込み、市場で売買される投資信託である。日銀は株式ＥＴＦを買い入れることによって株式市場に日銀マネーを投入し、人為的な株式需要を創出してきた。

民間の調査機関によれば、日銀の株式ＥＴＦ買入には、次のようなルールがある。「●ＴＯＰＩＸが前場でマイナスの時に買い入れ（プラスの場合はなし）、●前引けが前日終値より上昇していれば買い入れなし（現時点）、●前引けが－０・５％より下落していれば１００％買入（現時点）[◆30]」。

リーマン・ショックから１０年が過ぎ、市場関係

図2-3　株価の下落局面に集中する日銀のETF買入

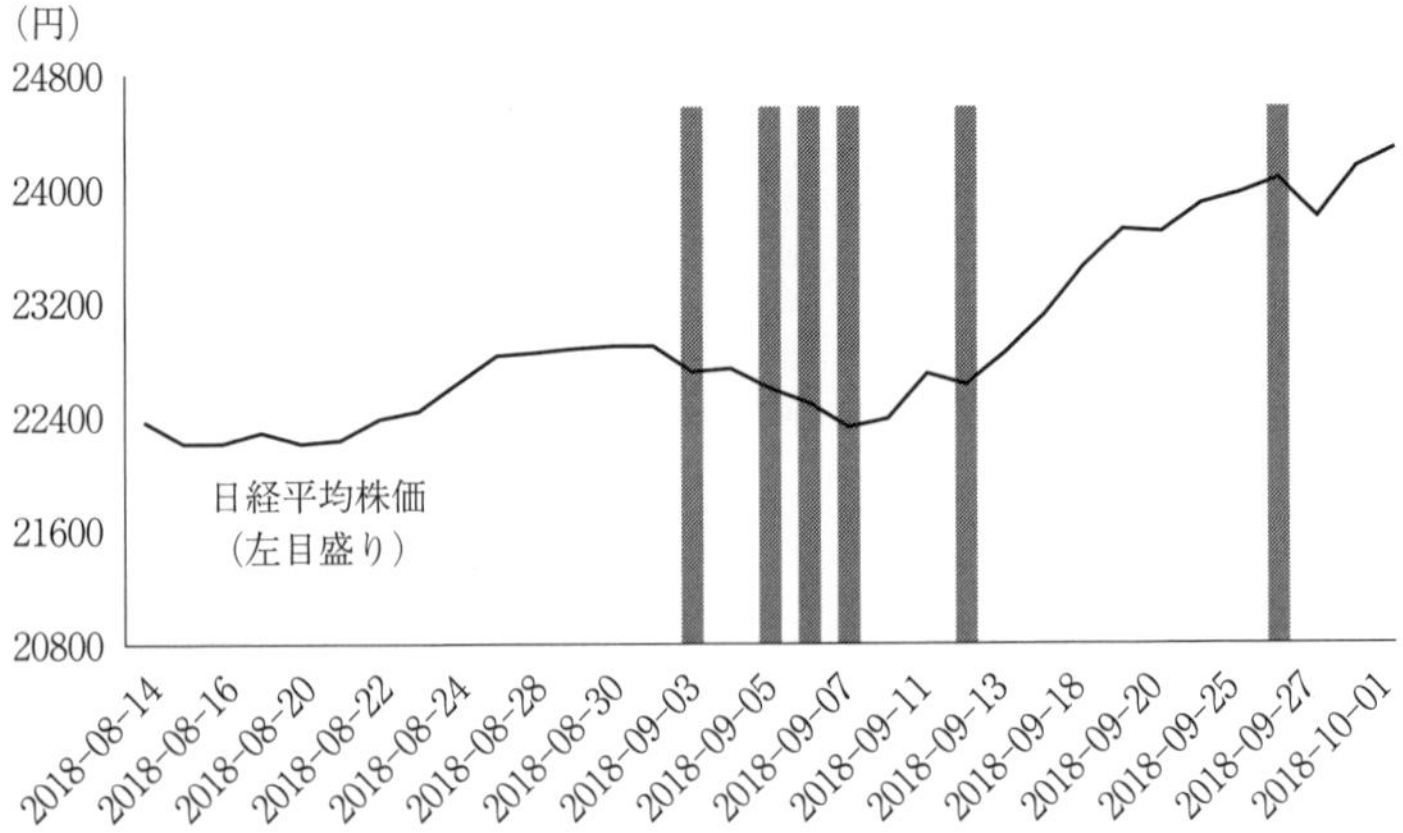

（出所）https://nikkeiyosoku.com/boj_etf/

者の間で株式バブルの崩壊が懸念される中、１８年１０月第２週に世界同時株安が発生した。ブルームバーブ社によれば、「今月は２９日までの２０営業日のうち、１回７０３億円の通常ＥＴＦ買い入れを１２回実施。これに毎営業日１２億円が継続的に入る設備・人材投資ＥＴＦの合計２４０億円を含めた買入額は合計８６７６億円となり、２０１０年の買い入れ開始以来、月間ベースで最高だった３月の８３３３億円を上回った」。◆31

１０月の日銀の株式ＥＴＦ買入状況は以下のようである。１０月２日はこの月の日経平均株価の最高値の２万４２７１円であったが、２週間後の１５日には２０００円安い２万２２７１円まで下落した。株価が下落し続けた２週間に、日銀は６回合計４２１８億円（企業支援の株式ＥＴＦを含めると４３３８億円）の株式ＥＴＦを買い入れ、日銀マネーによる人為的な株式需要を創出し、２日後の１７日には、

570円高の2万2841円に戻している。だが、翌日から日経平均株価は続落しはじめ、29日には1691円安の2万1150円と株安が進展したため、日銀は再び19日から29日までに6回合計4218億円（企業支援の株式ETFを含めると4338億円）の株式ETFを買い入れ、月末の31日には2万1920円に戻している（図2－3）。

日銀は、株価下落の局面が訪れるたびに株価指数連動型の株式ETFを買い入れ、株式市場に日銀マネーを供給し、株価を下支えしてきた。その結果、日銀は、18年11月10日現在、累計22兆4074億円の株式ETFを保有した◆32。

世界を見わたしても、「ETFを政策目的で買い入れ、保有している中央銀行は日本銀行をおいて他に存在しない◆33」のだが、日銀による出口なき株式ETF買入政策は、「株価連動内閣」と揶揄される第2次安倍政権下で株価対策のためフル回転してきたことになる。

市場関係者の間では、日銀は、GPIFとともに巨額の資金を株式市場に投入する大口投資家の「クジラ◆34」と呼称され、下げ相場の時の「クジラ買い」によって株価が回復する救世主とみなされている。株価が「下がったら日銀が買う」という安心感を与え、株式市場で上げ相場が形成されやすい環境が整備され、株高が演出されてきた。

表2-3　GPIFの運用資産額と構成割合の推移

（単位：兆円、％）

	2013年度		2022年度	
国内債券	70.1	55.4	55.6	26.7
国内株式	20.8	16.4	49.9	24.4
外国債券	13.9	11.0	50.1	24,3
外国株式	19.7	15.5	50.3	25.1
合計	126.5兆円	100.0	200.1兆円	100.0

（出所）GPIF『業務状況書』各年版、より作成

5　世界最大のＧＰＩＦの株式運用

2倍に拡大された株式運用割合

年金積立金を管理運用するＧＰＩＦの資産規模は、日米の株高の恩恵もあって２０２２年度現在で２００兆円に達した。このうち国内株式に４９・９兆円、米国株を中心にした外国株式に５０・３兆円が投資され、ＧＰＩＦは世界最大の機関投資家になった（表２－３）。

従来、国民年金・厚生年金・共済年金などの公的年金積立金は、２０００年度まで郵便貯金とともにわが国の公的金融の担い手として当時の大蔵省資金運用部資金特別会計に義務預託され、国債金利に連動した利回りで安全に運用されていた。

だが、公的システムの中に封じ込められた郵貯や年金積立金と

表2-4　GPIFのポートフォリオ変更

（単位：%）

	2000年度まで	2001年度	2005年度	2014年度	2020年度
国内債券	積立金全額を資金運用部へ義務委託	預託義務廃止自主運用開始	67%±8%	35%±10%	25%±7%
国内株式			11%±6%	25%±9%	25%±8%
外国債券			8%±5%	15%±4%	25%±6%
外国株式			9%±5%	25%±8%	25%±7%

（出所）GPIF『業務状況書』各年度版、より作成

いった日本の巨額の個人金融資産の運用を狙い、金融開国を迫るアメリカの対日圧力と国内の民間金融機関の内的圧力によって公的金融システムが解体され、民営化されてきた。日本の金融システムをアメリカ型金融システムに大転換する金融ビッグバンが終了した２００１年度以降、年金積立金は内外の金融市場で運用され、しかも価格変動リスクの高い株式などに運用されるようになった。２００６年に設立されたＧＰＩＦは、国民の老後の生活資金である公的年金を管理しているので、その運用に当たっては安全性を最優先し、政府の発行する国債への運用に向けていた。

だが、当時の安倍政権は、消費税増税で冷え込んだ景気対策と株価対策のため、２０１４年１０月、年金運用の構成比率を定める基本ポートフォリオを抜本的に変更した。国債中心の従来の運用から、民間企業の発行するリスクの高い内外株式への運用割合を倍増させ、１１％（プラスマイナス６％）から２５％（プラスマイナス８～９％）に拡大した（表２－４）。この変更により、年金積立金の国内外への株式投資額は倍増し、株式への巨額の需要が発生し、政権のもくろむ株高が実現した。

表2-5　GPIF 保有の国内株式銘柄（時価総額順）

No.	銘柄名	株数	時価総額(億円)
1	トヨタ自動車	198,707,900	13,780
2	三菱UFJフィナンシャル・グループ	1,105,055,200	7,802
3	三井住友フィナンシャルグループ	131,692,300	5,976
4	NTT	118,982,700	5,919
5	本田技研工業	159,893,100	5,892
6	ソフトバンクグループ	66,092,200	5,269
7	キーエンス	7,817,300	5,166
8	ソニー	98,919,600	5,103
9	みずほフィナンシャルグループ	2,280,650,800	4,451
10	KDDI	152,273,800	4,205
計	2,321 銘柄		404,653

（出所）GPIF『2017 年度　業務概況書』91 ページ

しかも、公的年金積立金が強力に株価を買い支えた企業のトップ10（表2－5）には、トヨタ、三菱ＵＦＪＦＧ、三井住友ＦＧ、本田技研、ＮＴＴ、ソフトバンク、ソニー、みずほＦＧといった巨大企業・金融機関が勢揃いしている。年金積立金は勤労所得からなる長期貯蓄性資金なので、これらの巨大企業・金融機関は、長期にわたる安定株主を得たことになる。

無責任体制と不透明性

ＧＰＩＦの株式への運用は、民間の信託銀行や投資顧問会社に手数料を支払い、投資一任契約のもとで行われている。ＧＰＩＦは、毎年、信託銀行・投資顧問会社に管理運用委託手数料（２０１７年度で４８７億円）を支払っている。投資一任契約は、年金の運用に当たり、ＧＰＩＦの利益よりも担当者が所属する信託銀行・投資顧問会社の運用方針を優先することになりかねず、自社が関係を持つグループの親会社や企業の株式への運用を優先する余地が発生する。買い入れる株式銘柄も一任されているので、クラスター爆弾をつくる米国企業テキストロン社の株式をGPIFが保有するといった問題も発生したが、投資を一任した厚生労働省は個別株への投資については指示しないで放置している◆[35]。

年金運用のあり方そのものについても、民間エコノミストは、「『どれくらいのリスクに対して、どれくらいの利回りを目指すのか』という説明と合意がなされた形跡がない。これは、民主主義の下での年金運用にあるべき原則を大きく逸脱している◆[36]」と批判している。

株価暴落にともなう損失が一方的に国民に転嫁される事態を回避するためにも、GPIFには十分な説明責任と情報公開が求められるだけでなく、年金積立金は国民の財産なので、年間事業計画、予算、年次報告などについては逐次国会に報告し、承認を得るチェック体制が不可欠である。

6　格差拡大と異次元リスク

株高・低金利の恩恵は海外投資家・大企業・富裕層へ

金融資産として大量の株式を保有する大企業・金融機関・内外の投資家・富裕層には、異次元金融緩和政策下の官製株式バブルで株価が2倍以上高くなったことなどから、巨額の株式含み益や売却益をもたらしている。株高によって、大企業や金融機関は、仮に本業が不振であっても、効率的な時価発行増資、敵対的な企業買収（M&A）の防止などのメリットに加えて、資産価格を倍増させた保有株の一部を売却すれば、その売却益で赤字を穴埋めし、好決算を達成できる。富裕層も株式の売却益で高額商品を購入する。

株高の恩恵を最大限享受したのは、海外投資家と大企業である。それは日本の株式保有構造に表れている（図2－4）。2012年度から17年度にかけての株式保有比率と金額を見ると、海外投資家（外国法人等）は、28％・106兆円から30・3％・202兆円へ増大させ、金融資産としての株式を倍増させている。次いで日本企業（事業法人等）も、21・7％・82兆円から2

図２-４　投資部門別株式保有比率の推移

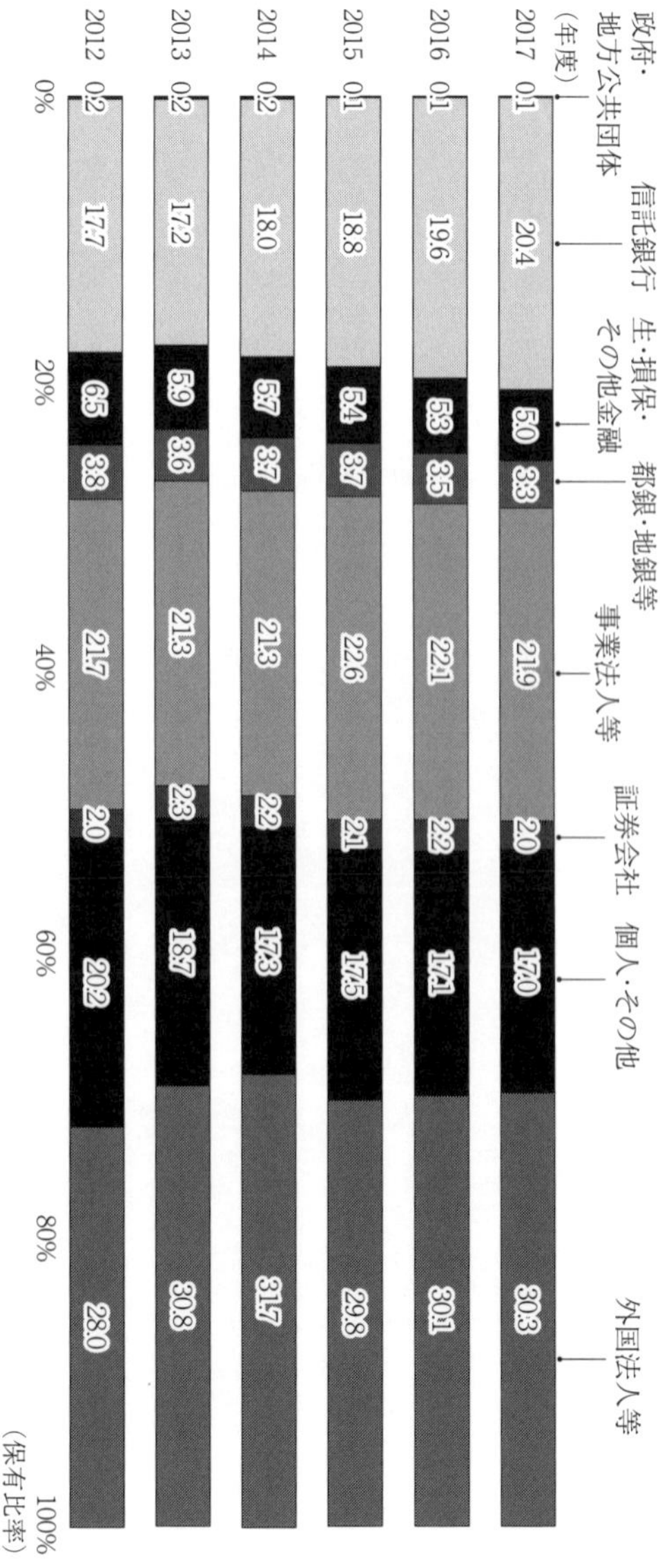

（出所）日本取引所グループHPより

１・９％・１４６兆円へと、同じように株式資産を倍増させている。株高の恩恵を享受したのは、当時の内部留保金４４６兆円の一部を株式投資に回した資本金１０億円以上の大企業である。官製株式バブルは、潤沢な内部留保金・投資マネーを持つ大企業の各種の金融ビジネスを活性化させ、

２０１７年度の金融利益は２兆８５４億円と１０年前の４・４倍となった。◆[37]

家計部門（個人等）の株式保有比率・金額を見ると、２０・２％・７６兆円から１７％・１１３兆円であり、比率は低下させているが、株高を反映して金額は増大した。野村総合研究所によれば、純金融資産を１億円以上保有する富裕層の株式を含む全体の金融資産は、２０１１年から２０１７年にかけ１８８兆円から２９９兆円へ１・６倍に増大している。◆[38]

その一方で、貯蓄を持たず不安な生活を強いられる貯蓄ゼロ世帯の割合は、２６％から３１％に増大し、日本の経済社会で「持てる者」と「持たざる者」との格差と分断が拡大している。低賃金と働く貧困層が放置され、増税と各種社会保険負担が増えたために、かつての「１億総中流」意識の国は、いまやＯＥＣＤ３５カ国の中でもメキシコ・トルコ・チリ・アメリカなどとともにトップクラスの「貧困・格差大国」に転落している。

異次元金融緩和政策下の超低金利は、所得の過半を預貯金で保有する家計部門から企業部門へ巨額の利子所得を移転させた。この点について、参議院財政金融委員会議事録は、小池晃・日本共産党参議院議員と黒田東彦・日銀総裁との間の以下のような議論を記録している。

「○小池晃君　これ低金利政策が始まった９１年を起点として、その金利水準が続いていた場合と比較をして受取利子と支払利子を計算したわけですけれども、家計部門は逸失利子、これが６０６兆円、それから利子、安いことによって負担が軽くなったのは２１４兆円ですから、ネットで、差引きでこれは３９２兆円のマイナスということになる。年平均で約１６兆円のマイナスです。それから下のグラフの方は、これは企業部門で同様に試算したものですけれども、払わなくて済んだ金額がこれ24年間の差引きで571兆円。企業は年平均24兆円のプラスになるわけですね。総裁、これは、この利息のところに着目をすれば、家計部門から企業部門に巨額の所得が移転したという事実は事実としてお認めになりますか。

○参考人（黒田東彦君）　一般に、金融緩和を推進して金利水準が低下しますと、資金の貸し手から資金の借り手に所得移転が行われるという面があることは否定できません◆39」。

当時の黒田日銀総裁も異次元金融緩和の「副作用」として家計部門から企業部門への利子所得の移転を認めていた。

異次元リスクの「時限爆弾」

市場で売買される株式や国債は、それ自体実体的価値を持たない単なる収益請求権を表示する証券であり◆40、その価格は、実体経済や金融市場の動向、国庫の資金繰り状況などだけでなく、国際情勢など予測不能な要因によって変動する。

日銀やGPIFが株式や国債を保有すると、それらの価格変動に連動して資産価値も増減する。価格の下落幅が買入価格を下回れば、評価損や損失が発生する。株式や国債の発行元が倒産したり、財政が破綻すると、投資した元本自体が回収できなくなる信用リスクにさらされ、株式や国債はなんの値打ちもない紙くずになってしまう。

元本が保証される預貯金と異なり、株式や国債を保有すると、いつ発生するのかわからない価格変動リスクや信用リスクという「時限爆弾」を抱えることになる。民間投資家はそれを周知で株式投資や国債投資を行っているが、中央銀行や国民の公的年金積立金となると、問題の深刻度は次元を異にする。

とくに最近の日本の国債や株式の売買市場の主役は逃げ足のはやい海外投資家であり、60～70％のシェアを占める。しかも売買の速度が1秒の1000分の1といった高頻度のコンピュータ売買であり、短時間にまるでトランポリンのように価格が乱高下する市場に変容している。

日銀は異次元金融緩和政策を担い国債を大規模に買い入れてきたので、すでに戦後の国債発行残高の5割を超える592兆円（23年5月末）の国債を保有している。国債価格の下落（＝金利上昇）は、日銀に巨額の損失を発生させ、日銀信用を毀損し、急激な円安・物価高をもたらし、国民生活を破壊する。とくにカロリーベースで6割以上を輸入に依存する食料の価格上昇は深刻である。すでにそのリスクは22年から輸入物価と消費者物価の高騰となって発生している。日銀の国庫納付金の減額はそれだけ国民の財政負担を増大させる。また国債金利の上昇は国債利払い費を増大させ、財政を圧迫し、国民の財政負担を増大させる。財務省試算では、1％の金利上昇は、2020年度のケースでは国債利払い負担を3兆7000億円ほど増大させる。◆41

株価が下落すればGPIFが金融資産として保有する株式の資産価値は減価し、GPIFは損失を抱え込む。年金積立金を株式相場に任せると、国民の老後の生活費が株式市場の泡となってなくなることを意味する。世界同時株安となれば、ＧＰＩＦが２２年度現在で保有するほぼ１００兆円の内外の株式も価格変動リスクにさらされる。２００８年のリーマン・ショックでは世界の株価はほぼ半値近くになったので、もしそのような事態になればＧＰＩＦは内外の株式に投資された１００兆円の半額にあたる５０兆円の年金積立金を株式市場で失うことになる。

おわりに

アベノミクスと異次元金融緩和政策の罪について、４点を指摘しておこう。

第１の罪は、中央銀行・日銀の金融政策の独立性を奪った罪である。時の政権が、個々の政策や野望の実現のために、中央銀行を財布代わりに利用したとき、その帰結は、ハイパーインフレや財政破綻を引き起こし、国民生活や経済社会を破壊した歴史の教訓を無視している。

第２の罪は、日銀信用を動員して国債を増発する「禁じ手」を繰り出し、国債バブルを膨張させ、政府保証の国債ビジネスを活性化させる一方、１０００兆円を超える政府債務をさらに累積させ、日本国民を深刻な「一億総債務者」に転落させた罪である。将来世代も、政府の借金返済の重荷を背負うことになった。

第３の罪は、日銀信用や年金積立金を株式市場に動員し、官製の株式バブルを発生させ、国民の間での資産格差を拡大してきたことである。消費税の税率を引き上げるなど、アベノミクスが日本を「貧困・格差大国」に転落させた罪である。

第4の罪は、資源なき「貿易立国」日本にとって、現在と21世紀の最大の貿易相手国である中国や韓国など、近隣のアジア諸国との間であつれきを引き起こし、世界のGDP合計100兆ドル（2022年）の33％を占め、北米経済圏（28％）やEU経済圏（24％）を追い抜いて世界最大の経済圏になり、日本の貿易総額の53・1％（2021年）を占めるアジア経済圏の経済成長の成果を日本経済に取り込めなくしている罪である。日本の真の国益を放棄した独りよがりのアベノミクスの罪は重い。

罪深いアベノミクスは、不幸にして凶弾に倒れた安倍元首相後の菅・岸田政権にも継承されている。それはアベノミクスが国家権力と大資本の利権を擁護・拡大する政策だからである。

注

◆1　より詳しくは、前掲拙著『国債がわかる本――政府保証の金融ビジネスと債務危機』大月書店、2013年、を参照されたい。

◆2　「安倍バブル」に注目する経済誌も、「噴き上がる日銀バブル――溢《あふ》れ出る大量マネーの行き先とパワー」との特集を組んでいる。『エコノミスト』2013年4月9日号、18～36ページ。

◆3　日本経済新聞2013年4月5日付。

◆4　三井住友信託銀行「経済の動き？『量的・質的金融緩和』の効果とリスク」『調査月報』2013年5月号、3ページ。

◆5　米中のGDPが逆転する日は近く、「つぎの10年で中国はアメリカを追い抜くにちがいない」、「2020年には、中国経済はアメリカ経済よりも大きくなるだろう」と指摘するのは、“A game of catch-up” ―Special Report― The World Economy, The Economist, Sep.24 2011, p.5、である。

◆6　Financial Times (2004), “Two giants of Asia must find a new way of co-existing”, Japan and China-Prospect for commerce, collaboration and conflict between Asia's two giant-, A special series of exclusive intervies and reports, p.14.

◆7　『金融ビジネス』東洋経済新報社、1988年6月、30ページ。国債は、発行される金額が巨額であるため、当初、複数の大手民間金融機関が「国債引受シンジケート団」を結成して一括して引き受けていたが、その時に政府から受け取る手数料が引受手数料である。2006年4月から国債も公募発行され、引受方式での発行はなくなった。

◆8　前掲『金融ビジネス』東洋経済新報社、30ページ。

◆9　長期国債の金利は各国の長期金利の指標であるが、現在のようなゼロ%ましてマイナス金利の水準は未踏の領域である。歴史上の最低金利は、今から404年前のジェノバ共和国が「1619年に記録した1・125%であった」（富田俊基『国債の歴史――金利に凝縮された過去と未来』東洋経済新報社、2006年、25ページ）からである。

◆10　日銀トレードの実態や現代日本の財政金融政策について、代田純『日本国債の膨張と崩壊――日本の財政金融政策』（文眞堂、２０１７年）は、詳細かつ的確に解明している。

◆11　デジタル版『日経ビジネス』２０１２年５月３０日トップ。すでに新聞も、「貸し出しなどの本業は低迷しているのに、各行とも余ったお金を国債購入に回したために『国債バブル』が生まれ、国債を売ってひともうけできた」（朝日新聞２０１０年１１月１３日付）と指摘していた。

◆12　朝日新聞２０１２年５月１６日付。

◆13　IMF Working Paper, "Assessing the Risks to the Japanese Government Bond (JGB) Market", Dec. 2011.

◆14　日本銀行『「量的・質的金融緩和」の導入について』２０１３年４月４日。

◆15　宮尾龍蔵「銀行 国債保有増でリスク」日本経済新聞２００３年１２月２６日付。

◆16　翁邦雄「『マイナス金利付き量的・質的緩和』とは何か」『世界』２０１６年４月号、９９ページ。

◆17　翁邦雄「需要先食いで自然利子率低下もＱＱＥで国債バブルを醸成」『エコノミスト』２０１６年４月１９日号、３１ページ。

◆18　朝日新聞２００２年６月２３日付。

◆19　真壁昭夫・玉木伸介・平山賢一『国債と金利をめぐる３００年史――英国・米国・日本の国債管理政策』東洋経済新報社、２００５年、１１ページ。

◆20　銀行の財務上の健全性を確保することを目的として、ＢＩＳ（Bank for International Settlements＝国際決済銀行）のバーゼル銀行監督委員会は、貸出金などの資産に対する自己資本の比率を８％以上に定めている。銀行は、増資などによって分子にあたる自己資本を増やさない限り、分母にあたる貸出金が増えると自己資本比率が低下するので、財務上の健全性を維持できなくなり、業務に支障をきたすことになる。

◆21 日銀信用に依存したわが国の国債発行は、明治時代の日清・日露戦争以来、多様な方式で行われてきた。詳しくは、拙著『国債管理の構造分析――国庫の資金繰りと金融・証券市場』日本経済評論社、1990年、とくに「第2章 国債消化の三位一体的構造」を参照されたい。

◆22 カール・マルクス、前掲『資本論』新日本出版社・新書版4、1294ページ。

◆23 『週刊東洋経済』2011年4月2日号、39ページ。

◆24 ユーロ圏の銀行がギリシア政府への一部債権放棄に応じたように、わが国の金融機関が国民経済の安定のために、自らリスクを引き受け、債権の全部もしくは一部を放棄したら、政府債務危機は、かりに発生しても、軽微なものに止まるであろう。日本経済新聞2012年6月7日付、『週刊東洋経済』2012年3月24日号、76ページ。

◆25 アベノミクスが始動して早々の2013年9月、安倍首相はニューヨーク証券取引所など海外で「Japan is back」「Buy my Abenomics」などと強力な売り込みと日本投資を呼びかけていた（毎日新聞2018年9月13日付）。

◆26 ロイターニュース、2015年9月4日。https://jp.reuters.com/article/tokyo-stock-abe-idJPKCN0R40O220150904

◆27 https://www.jpx.co.jp/markets/statistics-equities/mi(sc/02.html

◆28 斉藤洋二「コラム：日本経済『ミニバブル』崩壊リスク」2017年9月20日。http://jp.

reuters.com/article/column-forexforum-yoji-saito-idjpkcn1bv06w

◆29 毎日新聞2010年12月16日付。

◆30 https://nikkeiyosoku.com/boj_etf/

◆31 長谷川敏郎、氏兼敬子「日銀ETF買い、10月は月間で過去最高――6兆円上回るペース」2018年10月30日。https://www.bloomberg.co.jp/news/articles/2018-10-30/PHE0MV6S972C01?srnd=cojp-v2

◆32 日銀「営業毎旬報告」。http://www.boj.or.jp/statistics/boj/other/acmai/release/2018/ac181110.htm/

◆33 原田喜美枝「日本のETF市場の特徴」『証券アナリストジャーナル』Vol.55 No.1, Jan. 2017年、11ページ。

◆34 日本経済新聞2015年5月28日付。

◆35 朝日新聞2017年4月8日付。

◆36 山崎元「公的年金運用問題の『裸の王様』は厚労省だ」『Diamond online』2015年3月18日。

◆37 日本経済新聞2018年9月1日付。

◆38 野村総合研究所「News Release 日本の富裕層は149万世帯、純金融資産総額は364兆円」2023年3月1日。

◆39 第190回国会　参議院　財政金融委員会議事録　第3号、2016年3月10日。

◆40　マルクス『資本論』は、「これらの証券が表している資本の貨幣価値は、それらが確定的収益（国債証券の場合のように）にたいする指図証券もしくは現実資本の所有権証書（株式の場合のように）であってすら、まったく架空なものであり……それらの証券が収益への単なる請求権を表すだけ……」（第3巻第5篇、新日本出版社・新書版11、811～812ページ）と指摘する。

◆41　日本経済新聞電子版2017年1月25日。

第3章　日銀が抱え込んだ損失と暮らしへの影響

――国家と中央銀行を利用した金融独占資本の資本蓄積

国庫の赤字が経済規模の2倍を超過し、破綻の崖っぷちにある国で、国債ビジネスが旺盛を極めている。「国庫の赤字」はビジネスチャンスであり、「致富の主源泉」（マルクス）とする内外の大手金融機関は、「国庫の赤字」と日銀トレードを梃子《てこ》に資本蓄積を増進している。日銀トレードとは、金融機関が落札した国債をすぐに日本銀行に高値で売却して利鞘を稼ぐ取引である。国債大量発行に依存した国庫の資金調達と国債買いオペレーションを駆使した日本銀行の金融政策は、国債市場におけるプライマリー・ディーラーの内外の大手金融機関の国債ビジネスを活発化させている。国家の徴税権と中央銀行信用を利用した現代日本の国債ビジネスは、近年、異次元のリスクを累積させている。

政府が財政資金調達のために発行する国債（国庫債券）は、政府が元利払いを保証する証券であり、この証券は、国家の徴税権に支えられているので、投資の基準となる信用格付でトップクラスに位置する金融商品となる。

国債は、現代では経済成長や景気対策の財源調達のために増発されてきた。銀行・証券会社などの民間金融機関は、増発される国債の引受、入札、売買、保有、償還といった多様な国債ビジネスを展開し、手数料、利子、売買差益、償還金など、多様な国債関係収益を獲得してきた。

現代日本は、一般会計歳入の3割近くを国債発行に依存し、国債の増発なくして予算を組めない事態に陥っている。毎年、40兆円前後の新規財源債と100兆円を超える借換債（国債の償還財源として新たに発行する国債）の発行が持続できたのは、日銀信用に依存して国債が発行されてきたからである。

とくに第2次安倍政権下の政府と日銀との「政策連携」は、「デフレ脱却」「2％の物価上昇」が最重要課題とされ、歴史上例を見ない異次元金融緩和政策となって展開された。日銀は新規国債発行額を上回る金額の国債を買い入れ、空前の緩和マネーを民間金融機関に供給し続けてきた。

政府との「政策連携」を担わされた日銀は、民間金融機関から数十兆円、近年では100兆円前後の国債の買入を繰り返し、その買入代金を受け取った民間金融機関は、政府の発行する国債の引受や公募入札に参加し、繰り返し国債を買い入れてきた。そのため、政府は国債の市中消化基盤である民間金融市場の動向から相対的に独立し、ほぼ無制限に国債を増発できた。日銀による国債の引受を禁止した財政法第5条は事実上空洞化した。

日銀信用に依存したこのような国債増発メカニズムは、民間金融機関にとって、保有国債はいつでも日銀が高く買い取ってくれるメカニズムとして機能し、日銀との間の国債の売買取引＝日銀トレードを活発化させた。

日銀トレードにおいて、日銀は民間金融機関から額面を上回る高値で国債を買い入れたので、民間金融機関には国債売却益が発生した。だが、高値で国債を買い入れた日銀は国債の償却負担という損失を抱えこんだ。しかも日銀の国債保有額は、国債発行残高の5割を超えてしまい、国債価格の下落は日銀を債務超過に陥れるほどのリスクとなった。他方で、日本の国債ビジネスに参加した内外の金融機関、その主役は20社ほどの少数の金融独占資本であるが、OECD諸国で最大の財政赤字・政府債務大国から、国債関係の多様な収益を獲得してきた。現代日本は、国家と中央銀行を利用した内外の金融独占資本の資本蓄積の大舞台を提供している。

1　財政ファイナンスと国債ビジネス

日銀の国債買入に依存した国債増発

日本を世界最高の政府債務大国に押し上げたのは、日銀信用に依存した国債増発メカニズムがフル回転しているからである。

各国の中央銀行は、2008年9月のリーマン・ショックを契機に、政策金利の引き下げに加えて、国債の買入による大規模な金融緩和政策（QE＝Quantitative Easing 量的金融緩和）に踏み出した。すでに世界に先駆けてゼロ金利や量的金融緩和政策を推進してきた日本銀行は、買入国債の金額を２００８年１２月に改定し、「これまで年１４・４兆円（月１・２兆円）ペースで行ってきた長期国債の買入れを、年１６・８兆円（月１・４兆円）ペースに増額する」◆1決定を行った。

以後、毎年のように国債の買入額は増額された。とくに、２０１３年４月から第２次安倍政権の経済政策（アベノミクス）が始動しはじめると、日銀による国債の買入額は、異次元に増額され、政府の国債発行額の大半を占めるほどに巨額化した。２０１６年度に至っては、国債買入額（１１

表３－１　日銀の国債買入に依存した政府の国債発行

（単位：兆円、％）

年度	2010	2011	2012	2013	2014	2015	2016	2017	2018	2019	2020	2021
日銀の長期国債買入額（A）	22.9	27.4	44.8	88.0	96.6	114.8	119.2	101.0	91.9	71.1	83.0	73.6
年間国債発行額（B）	146.9	155.4	156.5	154.9	163.3	153.0	143.5	140.3	136.8	140.7	217.0	190.6
うち新規国債	44.3	44.2	44.2	42.8	41.2	36.8	34.4	34.3	33.6	36.5	108.5	43.5
うち借換国債	102.6	111.2	112.3	112.1	122.1	116.2	109.1	106.0	103.2	104.2	108.5	147.1
日銀の国債買入比率（A/B）	15.5	17.6	28.6	56.8	59.2	75.0	83.0	71.9	67.2	50.5	38.2	38.6

（注）国債には財投債、復興債を含めていない。借換債には日銀の乗換分を含む
（資料）財務省 HP、日銀 HP、より作成

9・2兆円）が国債発行額（新発債と借換債の合計額143・5兆円）に占める割合（買入比率）は83％に達した（表3－1）。日本銀行の国債買入額が巨額になり、買入比率が高まると、日銀信用に全面的に依存して国債が発行されることになり、国債増発の歯止めはなくなり、国債はほぼ無制限に増発できる。

第二次世界大戦時の日本の軍資金調達のために増発された国債は、長引く戦時下での「財界萎靡《いび》、金融窮屈の為」、民間部門における国債消化が困難な情勢下での「窮余の一策[2]」として、日銀の直接的な国債引受に依存した。国家財政の資金調達が中央銀行に依存する事態・財政ファイナンスは、戦後になると、戦禍への反省とインフレ懸念から、財政法第5条によって禁止された。すなわち「すべて、公債の発行については、日本銀行にこれを引き受けさせ、又、借入金の借入については、日本銀行からこれを借り入れてはならない」。

だが、日銀が政府から直接国債を引き受けなくとも、民間金融機関が公募入札で落札した国債を日銀が買い入れ、その買入額が国債発行額に匹敵するようになると、財政法第5条の規定は空文化する。安倍政権下では、新発債も借換債も、ほぼ全額日銀が買い入れたので、政府は、国債の市中消化余力や民間金融市場の動向に牽制されることなく、自由に国債が増発でき、財政資金調達ができた。これは、日銀による間接的な国債引受であり、事実上の財政ファイナンス[3]といえよう。

財政法第5条に規制される戦後の場合、日銀による直接的な国債引受は禁止されたが、新しい財政ファイナンスのやり方が駆使されている、といってよい。それは、「国債引受シンジケート団」

や公募入札によって政府から国債を買い入れる民間金融機関を窓口にすることである。つまり、日銀が民間金融機関の保有する国債を買い入れ、その代金（マネタリーベース）を供給する→民間金融機関は日銀から受け取った代金で政府の発行する国債を購入する→政府は民間金融機関が恒常的に国債を購入してくれるので、いくらでも国債が発行できる、といった国債発行メカニズムが作動する。

しかも、日銀が直接政府からではなく、民間金融機関を介して国債を買い入れる方式は、内外の批判に対して、財政資金調達のためでなく、金融政策の一環として実施する公開市場操作のためなので、財政ファイナンスではない、との強引な金融当局の答弁に余地を与えることにもなる。たとえば、日銀の若田部昌澄副総裁は、国会で、「現在の日銀の国債買入は、物価２％目標の実現に向けた金融政策上の目的で行っているので、……政府による財政資金の調達を助けることを目的とする、いわゆる財政ファイナンスを行ってはいない[◆4]」と答弁していた。

民間金融機関を窓口にして、日銀の国債買入と政府の国債発行が一定のタイムラグを置いて同時に進展している。たしかに、このやり方だと日銀が政府から直接国債を引き受けていない。だが、民間金融機関による国債購入資金の出所は、その元をたどれば日本銀行に行き着くので、実質的に、「国債のマネータリゼーション」が進展していることになり、日銀信用に依存して財政資金が調達される「財政ファイナンス」が行われていることになる。

隠蔽される財政破綻と国債バブル

日銀の国債買入に依存した国債発行メカニズムが作動するようになると、国債が際限なく増発され、政府債務が累積するだけではない。日銀によって国債が大量に買い支えられるので、国債価格は下落することはなく、むしろ高値の水準が維持され、国債市場における官製バブルが演出される。国債価格の暴騰（＝国債金利の暴落）は、国債利払費を低水準に押しとどめ、国債費を負担する政府にとって、政府債務の負担を軽減化し、財政破綻《はたん》を先送りできる。

長期国債の金利は、安倍政権以降長期間ゼロ％近傍、ときにはマイナス金利を記録した。これは、政府の国債利払費を低水準に抑えこむ効果を発揮する。普通国債の利率加重平均は、バブル崩壊後の金融緩和基調のもとで、１９９０年度末では６・１％であったが、２０００年度末２・６７％、２０１０年度末１・２９％と急激に低下していく。最近の日銀の大量国債買入やマイナス金利の導入などにより、２０２３年３月末には０・７６％まで低下してきた。これは、普通国債残高が自国の経済規模のほぼ２倍の１０６８兆円に達しているのに、一般会計が負担する国債利払い費はわずか８・４兆円（国債償還費用１６・３兆円を加えて２３年度の国債費２５・２兆円）と異常に低く抑えこまれる背景にほかならない。

ブルームバーグ社の試算によれば[5]、アベノミクスが始動した２０１３〜１８年度の５年間で、異次元金融緩和政策の低金利の恩恵により国債発行コストは、ほぼ5兆円抑制された。13年度以降に発行された計630兆円の固定利付国債（物価連動債を除く2～40年債）の平均利回りを基にした発行コストは5年間の累計で約7・4兆円であったが、もし12年度の金利水準が5年間続いたと仮定すると、約5兆円増の12・3兆円に膨らむからである。10年物長期国債の平均利回りは、異次元金融緩和以前の2012年度発行分は0・81％であったが、2018年度にはマイナス0・005％へと暴落し、5年物の中期国債にいたっては、同時期でみると、0・26％からマイナス0・1％へと暴落しているからである。主要な国債銘柄である長期国債金利すらマイナス金利を記録するまで暴落すると、政府は、一般会計歳出の国債利払費を異常に低く抑え込むことができる。

だが、国債投資家にとっては、投資物件としての国債の旨味は減少する。国債に投資し、保有することで政府から支払われる国債金利を受け取る国債ビジネスは限界を迎える。国債の大量保有者であった民間銀行は、旨味のなくなった国債を日銀に高値で売りつけ、国債売却益を得ながら国債保有額を激減させてきた。国債ビジネスは、国債保有によるインカムゲイン狙いから、投機的なキャピタルゲイン狙いの売買取引へシフトする。

異次元金融緩和政策が発動され、国債金利の暴落が持続すると、国債の保有構成に大きな変化が発生した。従来の大口の国債保有者の民間銀行は国債保有額を激減させ、それに代わって日銀が最大の国債保有者になった（図3－1）。民間の大口の国債投資家から日本国債が見捨てられるよう

図3-1　国債保有者構成の推移

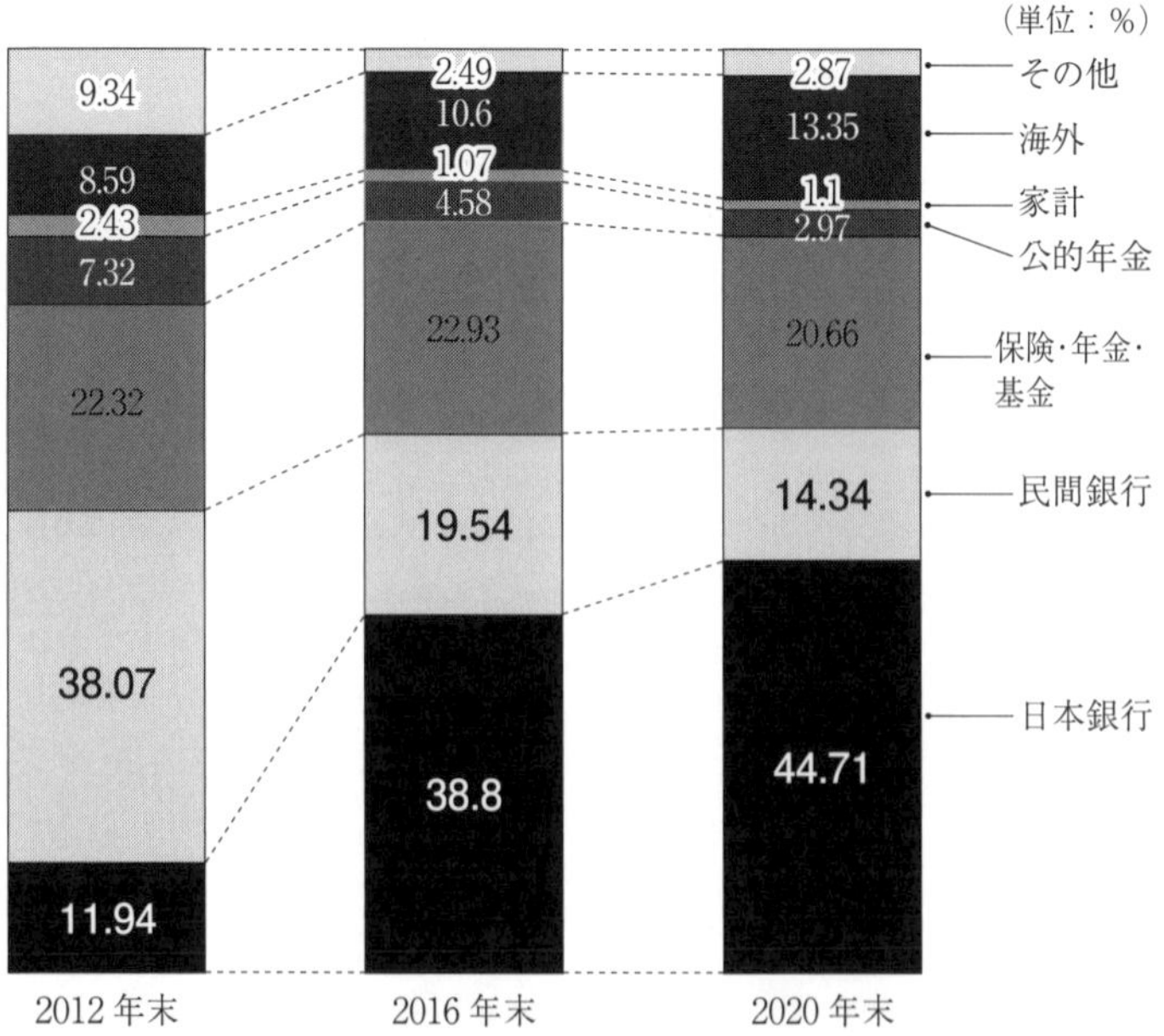

(資料) 財務省理財局『債務管理リポート』各年版より作成。国債には財投債を含む

になると、本来であれば、国債の発行は不可能になり、財政資金の調達ができず、予算が組めなくなり、財政破綻が表面化するはずであった。にもかかわらず、国債は増発され、財政破綻が表面化しないのは、日銀による国債の大規模買入が継続され、日銀信用に依存した国債の発行と財政資金調達が行われているからである。

日銀の独立性の剝奪と膨張する資産

最近の財政ファイナンスを可能にしたのは、日銀の独立性が政府によって剝奪されたからである。第2次安倍政権が動き出すと、内閣府・財務省・日本銀行の三者の連名で、2013年1月22日、「デフレ脱却と持続的な経済成長の実現のための政府・日本銀行の政策連携」の強化と一体化を目的とした「政府・日銀の共同声明」[◆6]が公表された。その内容は、「金融緩和の思い切った前進」であり、民間金融機関の保有する国債などの金融資産を前例のない規模で買い入れ、その買入代金を民間金融機関に供給する異次元金融緩和政策である。当時の安倍首相は、古くからの「お友達」の黒田東彦《はるひこ》氏を日銀総裁に任命し、日銀政策委員会や金融政策決定会合に政権の意向が強く反映される人事を断行した。中央銀行としての日銀の独立性は、安倍政権下で剥奪《はくだつ》された、といってよい。これによって、中央銀行が政府の発行する国債の消化機関化し、国債の大規模買入を介して、累積国債という政府債務は、日本銀行のバランスシートに移転された。

当時の安倍政権下の10年間の日銀のバランスシートを比較してみよう（表3－2）。リーマン・ショック直前の2008年4月の日銀の総資産は、107兆円であった。その中心は67兆円の国債であり、これは2001～6年に採用された国債買入による量的金融緩和政策の帰結である。この時期では国債保有額が増えたといっても、日本円の発行銀行券（75兆円）を上回ることはなかった。

だが、リーマン・ショック後、「長期国債の買入れを、年16・8兆円（月1・4兆円）ペースに増額する」ようになると、日銀のバランスシートは膨張していく。2013年4月の日銀の国債保有額は、この5年間でほぼ倍増し、127兆円に膨張し、総資産を162兆円に押し上げた。さら

表3-2　日本銀行のバランスシートの推移

2008年4月10日		2013年4月10日		2023年4月10日	
総資産（107兆円）		総資産（162兆円）		総資産（733兆円）	
資産	負債	資産	負債	資産	負債
国債 67兆円	発行銀行券 75兆円	国債 127兆円	発行銀行券 82兆円	国債 580兆円	発行銀行券 121兆円
貸付金 25兆円	売現先勘定 11兆円	貸付金 21兆円	当座預金 55兆円	貸付金 94兆円	当座預金 542兆円
買現先勘定 7兆円	当座預金 7.5兆円	金銭の信託 1兆円	売現先勘定 16兆円	金銭の信託 37兆円	政府預金 21兆円
その他	その他	その他	その他	その他	その他

（注１）「金銭の信託」とは株価指数連動型投資信託（株式ETFの額面価格）である
（注２）「売現先勘定」とは、国債の買戻条件売却にともなって発生する金銭債務の額である
（注３）「買現先勘定」とは、国債の売戻条件買入にともなって発生する金銭債権の額である
（資料）日銀HP、「営業毎旬報告」各版、より作成

に注目されるのは、アベノミクスが本格始動した２０１３年４月からの１０年間をみると、日銀の国債保有額は、４・５倍の５８０兆円（２０２３年４月）に膨張した。このような日銀資産の膨張は、リーマン・ショック対策として量的金融緩和（ＱＥ）を行ってきた各国中央銀行の資産膨張の規模を凌駕し、歴史上未知の異次元のリスクを抱えることになった。

各国中央銀行の資産規模を自国のＧＤＰ比で比較（２０１８年５月現在、円換算）すると、アメリカのＦＲＢの総資産４７３兆円は、アメリカの対ＧＤＰ比で約２３％、ＥＵのＥＣＢの総資産５８０兆円はＥＵの対ＧＤＰ比で約２６％、ところが日銀の総資産５４１兆円は自国のＧＤＰを超越し、日本だけ１０２％に達している。

日銀が買い入れ保有する国債は、政府が発行するとはいえ、民間の株式同様、価格変動リスクのある証券である。日銀のバランスシートを毀損《きそん》する価格変動リスクのある資産保有については、発券銀行としての中央銀行の信認を維持するため、日本銀行券の発行高の範囲内に収める「日本銀行券ルール」（2001年日銀の内部規定）が守られていた。だが、このルールは、大規模の量的質的金融緩和政策に踏み出した安倍政権下の2013年4月に適用の停止が決定された。

安倍政権との政策連携を強化し、アベノミクスの3本の矢に組み込まれた黒田日銀は、年間96～144兆円程の国債買入を継続してきた。そのため、2023年4月10日現在、日銀の国債保有額は580兆円に達し、日本銀行券発行高121兆円の4・7倍に達する事態に陥っている。日銀の総資産も733兆円に膨張した。◆7

今後、なんらかの事情で国債価格が下落した場合、日本銀行は資産の劣化と巨額損失に逢着《ほうちゃく》し、日銀信用は毀損する。それは、対外的には急激な円安を誘発し、輸入物価を押し上げ、それと連動して国内物価の高騰・インフレを誘発し、国民生活を直撃する。

日銀の独立性を剝奪し、アベノミクスに組み込んできた政府にとっては、増発され累積する国債は財政危機を招く。国債価格の下落は、長期金利の上昇＝国債利払い負担の激増となって一般会計歳出予算を直撃する。社会保障関係費などの国民生活関係予算は削減され、財政緊縮による国民生活破壊をもたらす。

2　日銀トレードと国債ビジネス

活発化する日銀トレードと国債投機

日本の国債売買市場の規模は、1京円の天文学的な規模に達している。政府の発行する国債は、民間企業の株式と違い証券会社だけでなく、銀行も参入でき、先物取引や高頻度取引などの多様な取引が行われる最大規模の金融市場である。この市場では、投資家との対顧客取引よりも、銀行・証券のプロの債券ディーラー間の売買が中心であり、そこに日銀も加わる。むしろ日銀は国債市場の主要なプレイヤーとして注目されている。

まず、日銀による国債の大規模買入の具体例をみておこう。ブルームバーグ社によれば、2016年12月14日に実施された日銀の国債買入は以下のようである。

「午前10時10分。日銀は5本の長期国債買い入れオペの実施を通知した。買い入れ総額は1兆5500億円に上る。3つの残存年限区分を同時に通知した。また、残存期間「10年超25年以下」が2000億円、「25年超」が1200億円と、前回から100億円ずつ増額」◆8。2013

年4月以来、日銀による国債の買入額はほとんど青天井ともいえるほど巨額になった。日銀は、この日も、国債価格の下落・金利上昇懸念から、1日で1兆5500億円に達する巨額の国債を民間金融機関から買い入れている。

しかも、日銀の国債買入価格は、民間金融機関が財務省から購入した価格よりも高めなので、民間金融機関にとっては日銀に国債を高値で売却することで国債売買差益を獲得できる。この点について、国債の個別銘柄（2015年3月22日発行の20年利付国債〔第156回〕・発行額1兆8900億円）を例にとって、民間金融機関と日銀との国債売買取引＝日銀トレードにおける国債売買差益の発生をみておこう。◆9

①2015年3月22日、銀行・証券会社は、表面金利0・4%、発行額1兆8900億円の20年利付国債（第156回）を額面価格の100円よりも安い99円49銭で財務省から購入する。

②ほぼ1ヵ月半後の2015年5月9日、銀行・証券会社は、この国債を日銀トレードで日銀に104円25銭ほどで売却し、購入価格と売却価格の差額＝4円76銭の国債売買差益を獲得した。ここで例示した、額面100円は理論価格なので、売買の単位を現実の売買取引価格（1兆8900億円）に換算し直すと、銀行・証券がこの日の日銀トレードで獲得した国債売買差益は、518億円に達する。

③民間銀行・証券会社は、このような日銀トレードを通じて、わずか1ヵ月半ほどで518億円の国債売買差益を獲得している。これは、年間に換算すると、38%超の国債運用利回りを実現し

たことになる。周知のように、一般の国債利回りはゼロ近傍の水準にあるのに、日銀トレードによって民間金融機関は破格の高利回りを実現したことになる。

通常の国債売買市場と違い、数千億円もの巨額の国債を一挙に高値で売却できる日銀トレードは、民間金融機関にとって、格好の収益源泉を提供する。とくに、国債の非価格競争入札や買入入札などへの参加資格が財務省によって特別に与えられ、潤沢な資金を運用する「国債市場特別参加者」（プライマリー・ディーラー）などの内外の大手金融機関20社は、日銀トレードで独占的に巨額の収益を獲得してきた。

日本の3メガバンクなどの主要11大手銀行が、リーマン・ショックから最近（2008～23年）まで、日銀トレードを含む国債売買取引など「債券等関係損益」に目を向けると、ピークを記録した2013年3月期決算では、業務純益の23・1％に達する7562億円の収益を上げている（表3－3）。超低金利下で本業の貸出業務からの金利収入が低迷する銀行にとって、日銀トレードは、中央銀行に依存した資本蓄積の主要な舞台となっていた。ただ、債券等関係損益は、年度によってはマイナスを記録するなど、不安定な動向を見せている。

低金利の長期固定化は、国債保有から発生する金利収入を低下させ、民間銀行は過去に安値で買っていた保有国債を日銀に高値で大量売却し、国債売買差益を得ながら国債保有高を激減させていく。国債市場は品不足になり、取引も低迷し、日銀トレードの利鞘（売買差益）も縮小し、大手銀行の国債売買差益（表中の「債券等関係損益」）は、減少していく。日銀の史上例を見ない異常な金

表3-3　大手銀行決算における債券関係損益の割合

（単位：億円、%）

年.月	業務純益(A)	債券等関係損益(B)	B/A
2008.3	32,774	1,088	3.3
2009.3	26,596	1,179	4.4
2010.3	29,297	1,842	6.2
2011.3	32,155	5,921	18.4
2012.3	31,936	6,901	21.6
2013.3	32,704	7,562	23.1
2014.3	29,104	1,831	6.2
2015.3	45,701	3,209	7.0
2016.3	42,684	4,107	9.6
2017.3	37,913	998	2.6
2018.3	35,067	−96	−0.2
2019.3	32,915	−588	−1.7
2020.3	35,952	7,448	20.7
2021.3	37,638	1,887	5.0
2022.3	38,630	−3,123	−8.0
2023.3	42,776	−11,893	−27.8

（注１）大手銀行とは３メガバンクFG所属他、大手銀行９～11行であり、グループ連結ベースの決算
（注２）業務純益＝業務粗利益－経費（除く臨時処理分）－一般貸倒引当金繰入額
（注２）債券等関係損益＝国債等債券売却益（＋国債等債券償還益）－国債等債券売却損（－国債等債券償還損）－国債等債券償却
（資料）金融庁HP、「銀行の決算の状況」各年度版、より作成

融緩和政策の限界が表面化した。

証券会社の場合、日銀トレードや債券ディーラーの回転売買にともなう資本蓄積の増進は、近年のトレーディング収益の拡大にみることができる（表3－4）。伝統的な証券業務は、株式や債券の引受・売出、委託売買等の手数料収入が中心であり、証券会社の純業務収益の中で7割台を占めていた。だが、最近では6割台に後退し、

表3-4　証券会社決算におけるトレーディング損益の割合

（単位：億円、%）

	純営業収益(A)	トレーディング損益(B)	B/A	受入手数料(C)	C/A
2008年３月	37,038	5,793	15.6	28,303	76.4
2009年３月	24,511	4,351	17.7	17,977	73.3
2010年３月	31,136	8,048	25.8	21,282	68.3
2011年３月	26,520	5,401	20.3	18,983	71.5
2012年３月	24,709	6,362	25.7	16,349	66.1
2013年３月	28,978	8,961	30.9	17,939	61.9
2014年度	38,071	12,371	32.5	22,939	60.2
2015年度	36,575	10,880	29.7	22,956	62.7
2016年度	35,399	11,132	31.4	21,340	60.2
2017年度	36,366	10,049	27.6	22,607	62.1
2018年度	31,400	7,441	23.6	20,100	64.0
2019年度	32,046	8,683	27.0	20,175	62.9
2020年度	37,265	10,662	28.6	23,201	62.2
2021年度	35,969	8,678	24.1	23,565	65.5
2022年度	34,929	8,627	24.6	22,860	65.4

（注１）証券会社は外国証券会社を含めた全社
（注２）受入手数料＝委託手数料＋引受・売出手数料＋募集・売出の取扱手数料
（注３）2014年の金融商品取引法等改正の事業年度規制の見直しで決算月が多様化したので、2014年度以降からは年度全体の合計額
（資料）日本証券業協会HP、「会員の決算概況」各年度版、より作成

代わって国債の売買差益を狙った投機的なトレーディング収益が３割近くを占めるようになった。

民間金融機関と日銀との間の日銀トレードが活発化すると、「１０年債は売り手が財務省、買い手が日銀で発行額の８割が終わっており、市場は横流ししているだけ」[10]といった事態に陥る。

日銀トレードの行き着く先は、歴史的にも未体験の日本国債市場の異常事態であり、市場から国債が「消滅」し、しかも

０％近傍に張り付く国債では民間投資家の利益が見込めず、国債市場から退場し、国債の取引が成立しない事態（札割れ）をもたらしている。

日銀サイドでは、日銀のバランスシートに価格変動リスクのある資産として累積する５８０兆円もの大量国債について、そのリスクをできるだけ表面化させることなくどのように処理できるのか、といった未曾有の難問を抱え込んだことになる。

国債の高値買入と隠れた補助金

日銀が額面価格を上回るオーバーパーの高値で民間金融機関から国債を買い入れる日銀トレードが活発化すると、民間金融機関は日銀から巨額の国債売却益を獲得することになるが、他方で日銀は民間金融機関から国債を高値で買い入れた金額分だけ損失を抱えこむ。

というのも、日銀がオーバーパーで民間金融機関から買い入れ、保有する国債の満期が到来した時、政府から日銀に支払われる国債の償還金は、国債の額面価格に対してだけ適用されるからである。したがって、日銀が民間金融機関から額面を上回る高値で買い入れた国債の金額については、日銀に償還金として支払われず、そっくり日銀の損失（償却負担）となるからである。異次元金融緩和を担う日銀は、毎年１００兆円前後のペースで国債を買い入れようとしたため、どんなに高値であっても、民間金融機関から大量の国債を買い入れてきた。

（単位：年度、億円）

2016	2017	2018	2019	2020	2021	2022
94,414	101,540	108,944	118,374	117,434	108,595	97,788
1,873	1,836	1,865	1,882	2,179	1,802	1,766
4,615	4,451	44,155	47,992	51,980	56,010	60,622
4,813	7,265	5,576	12,305	11,581	12,583	19,831

日銀の財産目録の国債の額面価格と簿価との差額である
われるプラス0.1％の利息の支払い額である
日銀の収益を押し上げたからである
2015年度から「債券取引損失引当金」への繰入を開始した

毎年公表される日銀の事業年度財務諸表では、日銀の保有する国債について、額面価格ベースと簿価ベースに分けて金額が明示されている。額面価格ベースの保有国債については政府から全額償還金が支払われる。だが、日銀が額面以上の高値で買い入れた簿価ベースの保有国債については償還金が支払われないので、簿価ベースから額面価格ベースを差し引きした金額は日銀の損失となる。日銀の損失額は、異次元金融緩和政策が実施される前は1兆円を下回っていたが、その後は一桁上の10兆円台に上昇している。2019年度の日銀保有国債でみると、簿価ベースは485兆9181億円だが、額面価格ベースでは474兆8807億円であり、その差額分は11兆8374億円（表3－5）である。この差額分は、政府から国債の償還金が支払われないので、日銀の損失（償却負担）となる。

日銀が抱えこみ償還までに必要な将来の償却負担額は、異次元金融政策下で年々累積してきた。この日銀の償却負担額は、日銀が民間金融機関から額面以上の高値で国債を買い入

表3-5　膨張する日銀の損失と支払利息

	2011年度	2012	2013	2014	2015
日銀の損失額	8,603	11,598	25,347	42,330	64,270
当座預金への支払利息	394	432	932	1,615	2,216
債券取引損失引当金	—	—	—	—	4,501
国庫納付金	5,026	5,472	5,793	7,567	3,905

（注1）「日銀の損失額」は、国債のオーバーパーでの買入による償却負担額であり、
（注2）「当座預金への支払利息」は、民間金融機関の日銀当座預金残高に対して支払
（注3）2017年度の国庫納付金の増加は、株式関連の収入が5300億円ほど増加し、
（注4）巨額の国債を保有するようになった日銀は、財務の健全性を確保するため、
（資料）日銀HP、「事業年度財務諸表等」各年度版、より作成

れてきた日銀トレードによる日銀サイドの損失にほかならない。別言すれば、額面以上の高値で国債を日銀に売却できた民間金融機関は、国債の売買取引という合法的なやり方で、日銀から国債売却益という「隠れた補助金」を供給してもらってきたことになる。

日銀がどの金融機関からいくらの国債を買い入れたのか、といった日銀トレードの具体的な内容については公表されていない。日銀と取引関係にある内外の金融機関は、530社ほど存在するが、数百億円や数千億円単位の国債を売買できる金融機関は、「国債市場特別参加者」（プライマリー・ディーラー）に名を連ねる内外の大手金融機関ほぼ20社という金融独占資本に限られる。これらのごく少数の金融独占資本は、日本銀行を相手にした国債取引によって、今日までに10兆円前後に達する隠れた補助金を日銀から受け取ってきたことになる。

日銀の償却負担となったこの10兆円前後の金額は、保有国債の満期到来時に一挙に償却されるのではなく、満期まで

の期間中、均等割して毎年少しずつ償却するルール（償却原価法）で償却されている。日銀保有国債の満期までの平均残存期間は、2016年度でほぼ7・5年とすると[11]、日銀は償却負担として抱えこんだ10兆1540億円については、現在のところ毎年1兆3538億円（10兆1540億円÷7・5年）ほどを償却しており、それだけ日銀の利益が削減され、国庫納付金が減額される。

2017年5月の報道によれば、「日本銀行は29日、2016年度の決算発表で、長期国債を額面を上回る価格で買い入れたことによる償却負担が1兆3076億円に上ったことを明らかにした。……（2016年度に日銀が政府から受け取った保有国債の――引用者）受入利息は2兆4945億円で、差し引き1兆1869億円が国債の利息収入として計上された[12]」。日銀は2016年度に政府から国債の利子を2兆4945億円も受け取っているにもかかわらず、日銀のバランスシート上に計上されたのは、この年の償却負担額1兆3076億円をあらかじめ差し引いた1兆1869億円にすぎない、といった会計操作が行われている。

保有国債の利子収入などの日銀の利益は国庫納付金として一般会計予算に組み入れられるので、2017年度では、日銀の国庫納付金は償却負担額の1兆3360億円ほど減額されたことになる。民間金融機関に国債売却益を与えるオーバーパーの国債買入は、日銀に国債償却損をもたらし、債券取引損失引当金の繰入とともに、日銀の国庫納付金の減額となって、一般会計歳入を減らし、めぐりめぐって国民の負担を増やす結果をもたらしている。

ひとことエコノミクス6

日本銀行当座預金とは

日本銀行当座預金（「日銀当預」）とは、日本銀行が取引先の金融機関等から受け入れている当座預金のことである。その役割は、①金融機関が他の金融機関や日本銀行あるいは国と取引を行う場合の決済手段として、②金融機関が個人や企業に支払う現金通貨の支払準備として、③金融政策の手段である準備預金制度を運用するための準備預金として、機能している。

日銀は、企業・個人との取引はないが、金融機関の日銀当座預金に働きかけることで、金融の緩和や引締といった金融政策を実施し、企業・個人の営む実体経済や金融動向に影響を与えている。

日銀当座預金は三層構造からなり、２０２３年６月現在の当座預金残高５１７兆円のうち、①日銀が０・１％の付利金利を金融機関に支払ってやる「基礎残高」（２０６兆円）、②付利金利０・０％の「マクロ加算残高」（２９２兆円）、③付利金利マイナス０・１％の「政策金利残高」（１９兆円）に区分されている。

膨張する日銀当座預金と金融機関の利子収入

民間金融機関が日銀から受け取ることのできる収益は、国債売買差益だけに限らない。民間金融機関が日銀への大量の国債売却で受け取ったマネタリーベースは、企業や家計部門への経済活性化のための貸出に回ることなく、日本銀行当座預金として積み上がっている。日銀当座預金残高（基礎残高）には、日銀からプラス0・1％の利子が民間金融機関に支払われているからである。民間金融機関が日銀から受け取る利子収入は、最近では年間ほぼ2000億円に達している。

周知のように、日銀は、2016年1月29日の政策委員会・金融政策決定会合において、史上初の「マイナス金利付き量的・質的金融緩和」政策を決定した。民間金融機関が日銀に預けている当座預金（政策金利残高）にマイナス0・1％の金利を適用することで、全体の金利をさらに引き下げ、融資や投資を活発化させる、との意図であった。この意図は達成されなかったが、民間金融機関の日銀当座預金へのマイナス金利の適用というニュースだけが増幅された。だが、大半の日銀当座預金残高には、プラス0・1％の金利が日銀から支払われている。リーマン・ショック後の2008年10月から、いままで無利子であった日銀当座預金にプラス0・1％の金利（付利）が支払われることになったからである。

民間金融機関の日銀当座預金は、3段階の階層構造になっている。2018年6月現在で見ると、当座預金残高全体は372兆2160億円であるが、このうちプラス0・1%の金利が適用される「基礎残高」は208兆2730億円、ゼロ%の金利が適用される「マクロ加算残高」は138兆7910億円、そしてマイナス0・1%の金利が適用される「政策金利残高」はわずかに25兆1520億円にすぎない。◆13

つまり、民間金融機関は、マイナス金利の新設により「政策金利残高」では日銀に251億円の手数料を支払うことになったが、一番大口の「基礎残高」では日銀からプラス0・1%の利子2082億円を受け取っているので、差し引きしても1831億円の利子収入が手元に残る。とくに3メガバンクなどごく少数の大手銀行は本業の預貸金利鞘が低迷しても、日銀から確実にプラス0・1%の利子収入の恩恵を受けている。民間銀行にとって、0・1%の付利が適用される日銀当座預金残高は、リスクフリーの安全な資金運用手段になり、貸出先の開拓などの資金運用の努力なしに日銀に預けておくだけで利子を受け取ることのできる収益源泉になっている。

周知のように、民間銀行が国民に支払う預貯金金利は、同一期日の2018年6月現在で、普通預金金利で0・001%、3年物定期預金金利ですら0・015%にすぎない。それなのに、民間銀行は本来無利子であるはずの当座預金に対して日銀から0・1%、つまり銀行が自分たちの預金者に支払う100倍も高い利子収入を受け取っている。本業の預貸金利鞘が縮小したといっても、民間銀行は預貯金金利の100倍もの高い利子収入を日銀から受け取っている事態について、メディアはほとんど報じていない。

家計の運用資産構成・ポートフォリオにおいて、アメリカのように株式投資などハイリスク・ハイリターン型の資産運用を選好する国民と違い、日本国民はリスクフリーの預貯金が最大の運用資産になっている。それなのに預貯金金利０・００１％といった異常な低金利では、国民が銀行に１００万円を預けても年間で受け取る利子はわずかに１０円にすぎない。

このような超低金利は、個人・家計部門から銀行部門への金融資産の移転を促進している。超低金利は国民にとって住宅ローンなどの金利負担を軽減したが、銀行の貸出金利は預貯金金利を２～３桁ほど上回っているので、金利負担の軽減分と減額された利子所得の差額は巨額である。低金利に移行するバブル崩壊直後の１９９１年の金利水準を起点にすると、その差額は、２０１７年までの四半世紀の累計でほぼ７００兆円に達している。ＧＤＰの１年分を超える金融資産が個人・家計部門から銀行部門へ移転したことになる。これは、受け取る賃金の低迷と相まって、家計部門の可処分所得を低水準に押しとどめ、長引く消費不況の背景ともなっている。

おわりに

財政ファイナンスと日銀トレードによって内外の金融独占資本は、日本の国債市場で旺盛な国債ビジネスを展開し、国債関係収益を獲得してきた。だが、日本財政と日銀は、財政ファイナンスと日銀トレードによって異次元のリスクを抱え込んでしまった。

財政ファイナンスのもと、増発され、累積する国債発行残高は２０２３年現在でＧＤＰの２・６

倍にまで膨張した。GDP比2・6倍の政府債務は、第二次世界大戦終戦時と同一の水準である。周知のように、戦後直後の政府債務の処理は、預金封鎖と新円切り替え、財産税の徴収、ハイパーインフレーションなどを通じて、国家債務のリスクを国民に転嫁するやり方で断行され、国民は「竹の子生活」を強いられた。現代日本は、果たしてこのような歴史を繰り返すことになるのかどうかが問われている。

日銀トレードのもと、日銀に集中した国債は発行残高の5割台に達し、各国の中央銀行と比較しても、例を見ない水準にある。政府債務を引き受け、国債を大量に保有してしまった日銀にとって、国債価格の動向・金利の動向がバランスシートに破壊的な影響を受けてしまう素地ができあがってしまった。終戦前後の場合、日銀が引受・保有した国債の9割台は、「公債の民衆化」を担った郵便局の窓口などで売却され、日銀保有国債は発行残高の1割に満たなかった。

現在のように日銀が発行残高の5割台の国債を保有する事態は歴史的に未体験であり、今後、日本の中央銀行と「円」はどうなるのか、予断を許さない時代が到来している。

注

◆1　日本銀行「金融政策の変更について」2008年12月19日。

◆2　戦前の日銀の国債直接引受の背景は、当時の日銀副総裁深井英五『金本位制離脱後の通貨政策

〔増補版〕』千倉書房、1940年、394ページ、前掲拙著『国債管理の構造分析――国庫の資金繰りと金融・証券市場』日本経済評論社、1990年、「第2章国債消化における三位一体的構造」を参照されたい。

◆3 現代日本の事実上の財政ファイナンス問題については、河村小百合『中央銀行は持ちこたえられるか――忍び寄る「経済敗戦」の足音』集英社新書、2016年、も参照されたい。

◆4 参議院第20回予算委員会インターネット中継（2018年6月25日）http://www.webtv.sangiin.go.jp/webtv/detail.php?sid=4856&type=recorded

◆5 占部絵美、ジェームズ・メーガ「金融緩和の恩恵で国債発行コスト5兆円抑制――13年度以降の低金利」、2018年5月14日。https://www.bloomberg.co.jp/news/articles/2018-05-13/P8CNUY6JTSEP01

◆6 内閣府・財務省・日本銀行「デフレ脱却と持続的な経済成長の実現のための政府・日本銀行の政策連携について（共同声明）」2013年1月22日。

◆7 第2次安倍政権の経済政策＝アベノミクスは、「金融緩和」・「財政出動」・「成長戦略」を3本の矢としたが、第1の矢は「金融緩和」である、官邸HPより。

◆8 船曳三郎、崎浜秀磨「日銀が国債買いオペで異例尽くし、超長期の急激な金利上昇に対応」（2016年12月14日）。https://www.bloomberg.co.jp/news/articles/2016-12-13/OI5B2T6K50Y501

◆9 データは、財務省HP「20年利付国債（第156回）入札結果」および代田純『日本国債の膨張と崩壊――日本の財政金融政策』文眞堂、2017年、144ページより。

◆10　船曳三郎、Chikako Mogi「日銀トレード、来月から一段としやすく――収益低下の可能性も」（２０１８年６月２２日）。https://www.bloomberg.co.jp/news/articles/2018-06-21/PAM7Z06S972E01
国債問題の指摘は、他に、「日本国債めぐる、かつてないほどの異常事態」東洋経済 ONLINE、２０１８年７月１５日、https://toyokeizai.net/articles/-/228734?page=3　など。

◆11　木内登英「日本銀行は保有国債の平均残存期間短期化を進める見通し」（ＮＲＩ FinancialSolutioms、２０１８年９月３日）。http://fis.nri.co.jp/ja-JP/knowledge/commentary/2018/20180903.html

◆12　日高正裕「日銀：保有国債の償却負担、初の１兆円台、マイナス金利影響――１６年度」２０１７年５月２９日。https://www.bloomberg.co.jp/news/articles/2017-05-29/OQHC696JTSE901

◆13　日本銀行調査統計局『金融経済統計月報』２０１８年８月号、５ページ、「付利の対象となる当座預金残高」。なお、２００８年来の補完当座預金制度で採用されたプラス０・１％の付利のメリットは、大手銀行に集中している（勝田佳裕「日本銀行による補完当座預金制度と銀行経営」『証券経済研究』第９７号、２０１７年３月）。

第4章　累増する政府債務と「いつか来た道」

――政府債務の解消をめぐって

現代日本は、約1000兆円の国債発行残高を抱えこむ世界トップレベルの「政府債務大国」にほかならない。戦後の大規模公共事業や不況対策、バブル崩壊後の不良債権対策、直近のコロナ禍対策などの財政資金が、日本銀行に支援された国債の発行により調達されてきたからである。

しかも、実体経済の長期的な低成長下で、資本蓄積の舞台が金融・証券市場にシフトするようになると、増発される国債は内外の国債投資家や金融機関にとって有力なビジネスチャンスを提供してきた。財政資金を調達するための国債は、政府にとっては利子の支払いと元本の償還を義務付けられる債務証書であるが、国債投資家にとっては、政府が利払いと元本償還を保証する国家信用に支えられた格付の高い金融商品だからである。

金融市場を調節する日銀にとって、国債は民間金融機関との国債売買取引で、金融の緩和（国債買入）や引締（国債売却）政策を実施するための公開市場操作の手段である。第2次安倍政権以降、日銀は中央銀行の独立性を奪われ、政府の国債増発のために利用され、異次元金融緩和政策で大量の国債を買い入れてきたため、国債発行残高の過半を保有する異常事態に陥ってしまった。

本章の目的は、このような異次元リスクを抱え込んだ現代日本の財政金融問題について、その背景、歴史、国際比較、今後の展望を検討することである。

1　増発され、累積する赤字国債

国会で赤字国債の発行を常態化

2021年の第204国会[◆1]で、「財政運営に必要な財源の確保を図るための公債の発行の特例に関する法律の一部を改正する法律」が可決された。この法律は、今後5年先まで一般会計の財源に充てる特例国債＝赤字国債の発行を認可した。これは、予算の単年度主義から逸脱するだけでなく、公債発行を原則的に禁止し、公債不発行の原則を定めた財政法第4条の空文化であり、見合い資産のない赤字国債の増発を今後も常態化する法律であった。

戦後の平和憲法に則り、1947年3月に発令された国の財政に関する基本法である財政法は、「国の歳出は、公債又は借入金以外の歳入を以て、その財源としなければならない。」（第4条）と規定し、公債や借金に依存した財政運営を禁止した。この規定は、明治時代の近代国家成立以降、公債や借金で調達した財政資金を軍事費として使用し、日清戦争、日露戦争、シベリア出兵、満州事変、日中戦争、太平洋戦争と、ほぼ10年ごとに戦争を繰り返してきた好戦国家の大日本帝国に対する諸外国からの戒めであった。

ただ、この規定には、焦土からの戦後復興のため、但書として、「公共事業費、出資金及び貸付金の財源については、国会の議決を経た金額の範囲内」の公債発行（4条国債＝建設国債）や借金は、限定的に認められた。但書で認めた公債発行ではあるが、それは、戦後復興のための公共建造物など、後世に引き継がれ、国債の物的な見合い資産となる公共事業のための4条国債＝建設国債に限定され、不足した国庫の財源に充てる特例国債＝赤字国債の発行は認めていない。

戦後初めて国債が発行されたのは、東京オリンピック直後の1965年に発生した当時最大の不況（65年不況）下であった。1965年度の補正予算で、1年限りの特例公債法＝赤字国債発行法が制定され、7年満期・利率6・75％・総額2000億円の赤字国債が発行されたが、その後は、オイル・ショックの深刻な構造不況に陥る1975年度まで赤字国債は発行されなかった。

以後、資本主義経済特有の循環的な不況やバブル経済の崩壊などで歳入不足に直面すると、あくまでも「特例」として、年度ごとに、国会で「公債の発行の特例に関する法律」を審議しながら、1年限りの「特例公債」が発行され、不況対策や大企業・金融機関救済のための財源が確保されてきた。やがて、2011年度に一般会計歳入の4割を国債発行に依存するようになると、2012年度、[2] 2016年度、そして今回の2021年度に、3～5年間という多年度にわたる「特例公債」の発行を認める特例法が可決される。こうして、戦後の平和憲法に則った財政法は多年度にわたって空文化し、しかも一般会計の赤字を補塡《ほてん》するための特例国債＝赤字国債の増発が常態化した。

2021年度の一般会計（政府予算案）では、106兆6097億円の歳入の40・9%にあたる43兆5970億円を国債発行に依存する。しかもその内訳を見ると、発行額の85%が特例国債37兆2560億円の発行であり、建設国債は15%の6兆3410億円にすぎない。現代日本の国家財政は、主要国では例を見ない赤字国債に依存した自転車操業の火の車財政にある、といってよい。

国債増発を支えた日本銀行

一般会計を発行母体とする普通国債（建設国債・赤字国債）の増発メカニズムとして機能したのが、日本銀行の間接的な国債引受ともいえる大規模の国債買入であった。

戦後の国債発行は、じつは当初から日銀信用に依存してきた。というのも、民間金融機関が国債引受シンジケート団（以下、国債引受シ団と略称）を結成し、政府から引き受けた国債は、その1年後には日銀が買い取っていたからである。政府の国債発行→民間の国債引受シ団による国債の引受→日銀による国債引受シ団からの国債の買入、といった国債の増発メカニズムが回転し、国債発行は、最終的に日銀信用に支えられてきたからであった。

この国債増発メカニズムの特徴は、政府の発行する国債をまず最初に民間の国債引受シ団に引き受けさせることである。そうすることで、国債の日銀引受を禁止した財政法第5条の規定[3]を巧妙に回避しつつ、最終的には日銀が国債引受シ団から国債を買い入れ、日銀信用を動員することで国債を増発するしくみである。したがって、これは、戦前のような日銀による直接的な国債引受ではないが、民間の国債引受シ団を介在させた日銀の間接的な国債引受といえるであろう。

国債引受シ団は２００６年３月に廃止され[4]、国債は公募入札によって発行されるようになったが、国債を落札した民間金融機関からの日銀の国債買入は、金融政策上の公開市場操作（国債買いオペレーション）として実施され、民間金融市場の国債消化能力を超越した国債の増発を可能にしてきた。

このような国債増発のしくみをフル回転させたのが、第２次安倍政権下の黒田日銀の異次元金融緩和政策である。それは、民間金融機関が公募入札で落札した国債を日銀が大規模に買い入れ、その買入代金を民間金融機関に供給し、再び国債を落札できる資金を提供するしくみだからである。日銀の国債買入額は、多い時で年間１００兆円前後に達し、新規国債の発行額を恒常的に超過しただけでなく、借換国債を含めた国債発行額の５０～８３％台に達している。その結果、政府は日銀信用に依存し、ほぼ無制限に国債を増発できた。

日銀は、国債を無制限に保有し日銀信用が毀損《きそん》されることがないよう、長期国債保有額を日銀券の発行残高以下に抑えるという２００１年来の「日銀券ルール」を逸脱しただけでない。２０１３年の内閣府・財務省・日本銀行の「共同声明」[5]により、中央銀行としての独立性を剥奪《はくだつ》され、政府の発行する国債の消化機関化してしまった。物価を２％まで吊り上げることを目標にし、歴史的にも諸外国にも例を見ない異次元金融緩和政策下で、日銀による民間金融機関からの国債の大規模買入は、国債発行による財政資金調達を禁じた財政法第5条を空文化させ、国債は無制限に発行されてきた。これは日銀信用に依存した財政資金調達＝財政ファイナンスを意味する。その結果、普通国債の発行残高は２０２３年度末見込みで１０６８兆円にまで膨張し、国債を大量に買い入れてきた日銀は、国債発行残高の５５％に達する５９３兆円（２３年8月）を保有するまでになった。これは、政府の債務（国債発行残高）の５５％が日銀の資産に移し替えられ、日銀信用に依存して政府債務が膨張してきたことを示している。

2　政府債務の現状と到達点——その歴史的・国際的水準

終戦直後の水準を超える政府債務

現代日本が抱え込んだ政府債務残高（各種国債・政府短期証券・政府保証債・各種借入金など）は、第二次世界大戦終了直後の政府債務残高の水準よりも深刻である。

第二次世界大戦下の軍資金調達は、日本銀行の直接的な国債引受で実施されたので、軍事国債は青天井で増発され雪だるま式に膨張した。その結果、１９４５年の終戦時の政府債務残高の対ＧＤ

P比は、200%を超えた（図4－1）。

だが、財務省『日本の財政関係資料（2023年4月）』によれば、2022年度の政府債務の対GDP比は、終戦時を上回る261・3%に達している。近代国家が成立した明治時代以来の日本の政府債務残高の対GDP比が示しているのは、戦争・大不況・バブル崩壊と金融システム不安などの危機的事態に直面するたびに、軍備の増強や大企業・金融機関救済のための財政資金を調達する国債が増発され、政府債務が積み上がってきたことである。

戦前まで、政府債務を高水準に押し上げる最大の要因は戦争であり、武器の購入などの軍備拡張、植民地経営、一時賜金《しきん》・軍人恩給などの軍事費調達であった。戦前の国家予算に占める軍事費の割合は、日清戦争期（1894～95年）69・2%、日露戦争期（1904～5年）82・3%、第二次世界大戦期（1941～45年）85・5%であった。これらの軍事費調達のうち公債発行などに依存した割合は、日露戦争で82・5%、第二次世界大戦86・3%であり、軍事費の大半は公債発行に依存し[◆6]、政府債務を膨張させた。

だが、戦後は平和憲法の下で戦争が禁止され、軍事国債の発行はない。軍事国債に代わって増発されたのは、公共事業のための建設国債と財源補塡のための赤字国債であり、終戦直後の対GDP比はもとより、世界のトップレベルまで政府債務を積み上げてしまった。日本は、軍事同盟国であったドイツ、イタリアなど、同じ敗戦国と比較しても戦後の政府債務のGDP比は飛び抜けて高い。国際通貨基金（IMF）によると、コロナ禍対策で、2020年には、先進国と新興国を合わせて

図4-1　G７各国の公的債務対 GDP 比の長期推移

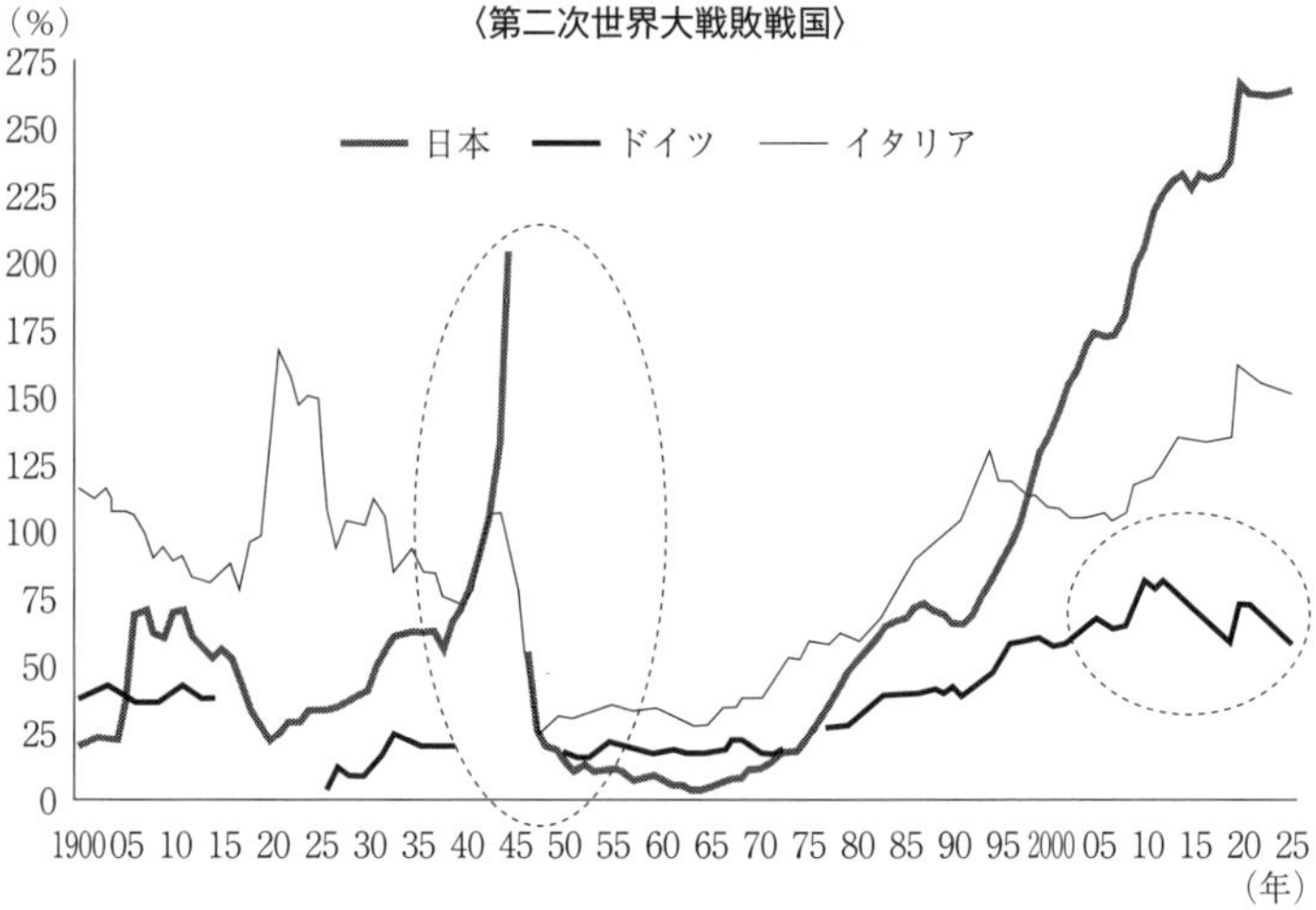

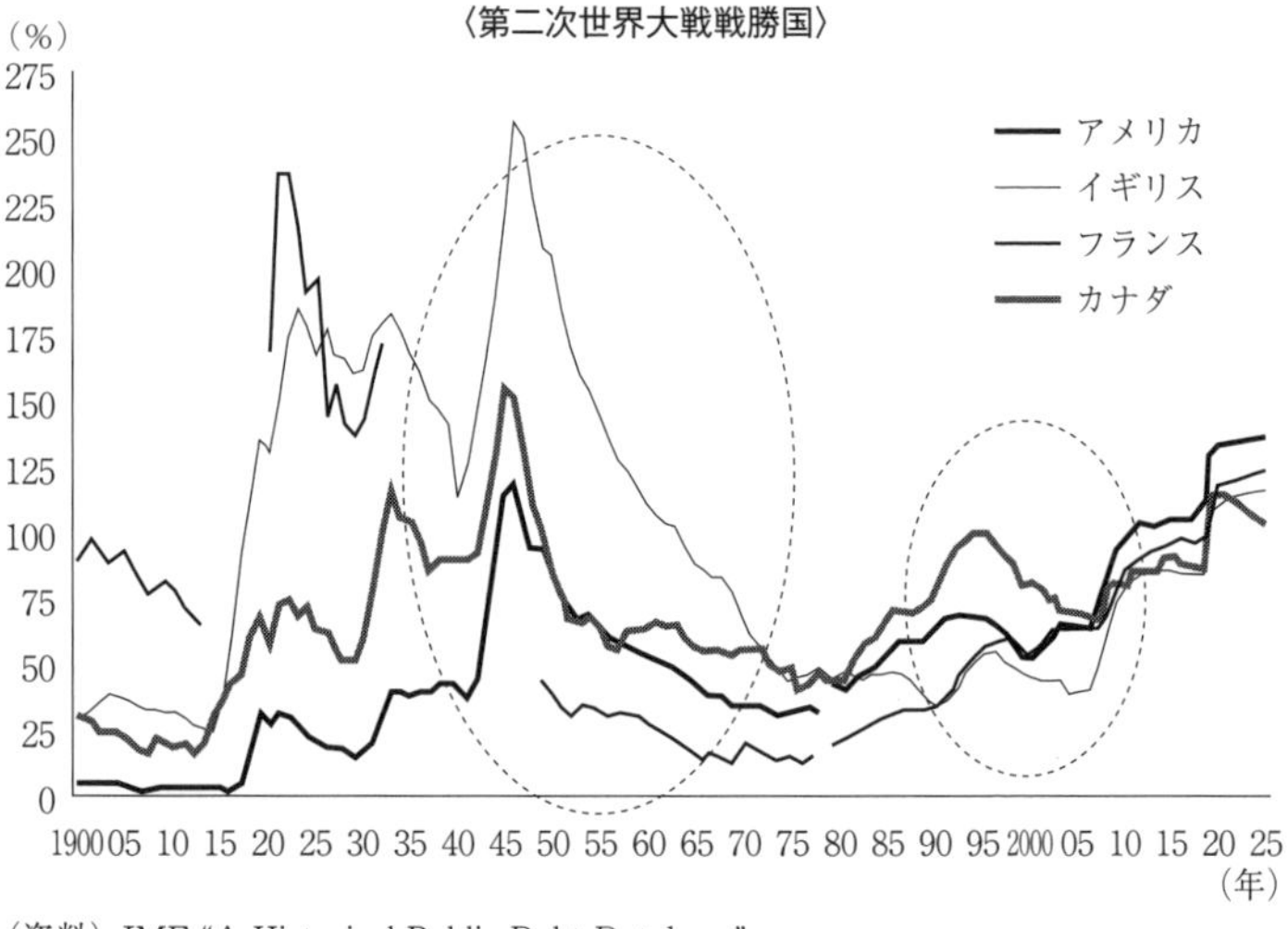

（資料）IMF “A Historical Public Debt Database”
（注）2021 年以降は IMF 見通し
（出所）日本総研、Research Report、「次世代の国づくり」No. 2021-013、2021 年７月 30 日、４ページ

図４－２　政府債務残高の対 GDP 比の推移

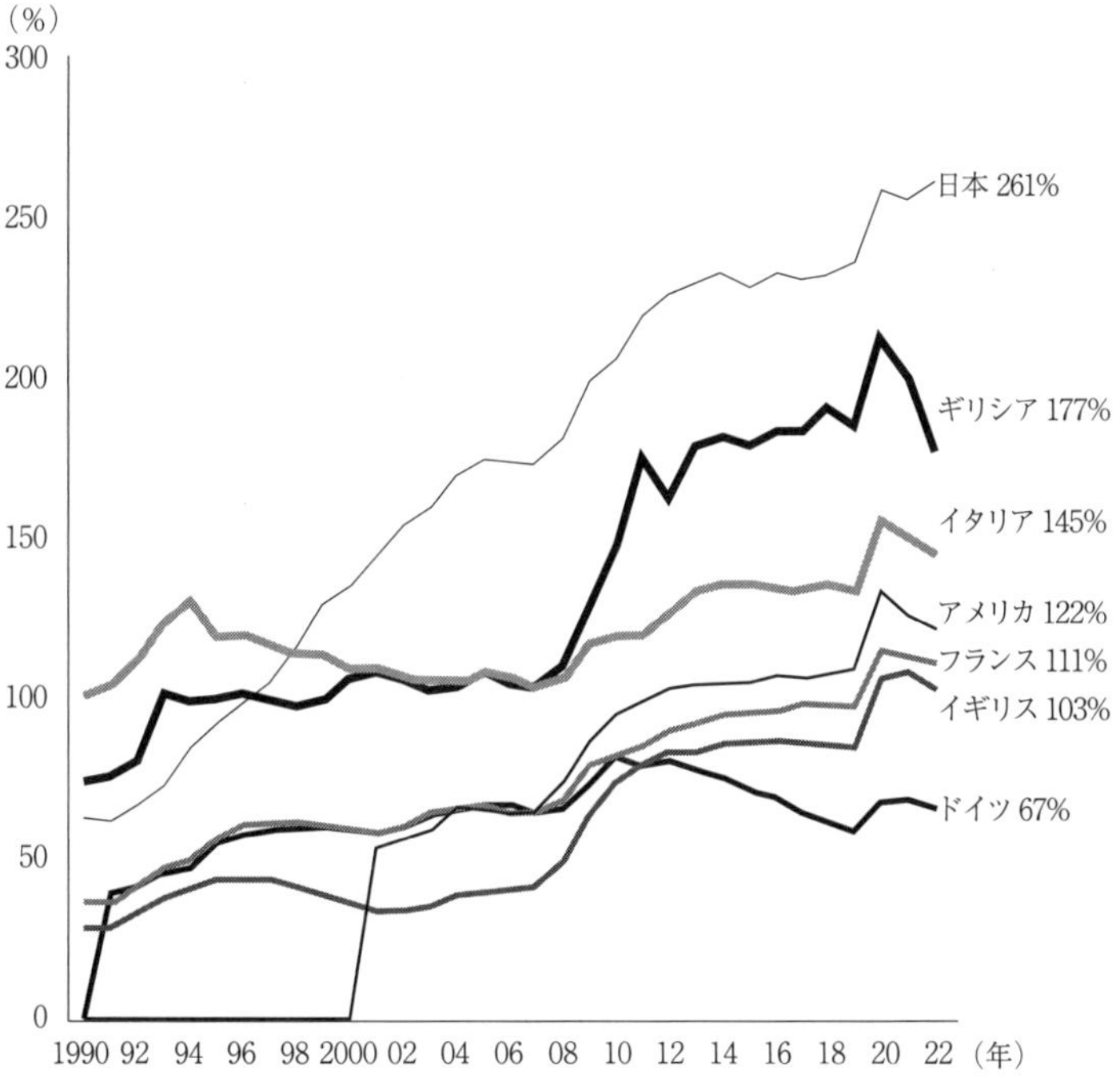

（資料）International Monetary Fund, World Economic Outlook Database, April 2023、より作成

２７ヵ国・地域の中央銀行が量的緩和政策を実施し、国債が増発され、世界の政府債務は、対世界ＧＤＰ比１００％近傍の水準に達している。だが、すでに日本の政府債務の対ＧＤＰ比は、主要国と比較しても、２６１％に達し、２回の財政破綻に陥った近年のギリシャの１７７％などより高い水準にある（図４－２）。

１９７０年の時点では、日本の政府債務の対ＧＤＰ比はわずか１２％であり、主要国の中でトップの健全財政国であった。その後、１９７５年に赤字国債が発行されると、イタリアに次ぐ政府債務大国になり、バブル経済膨張期の１９８０年代後半には税の自然増収もあり、国債発行が抑制され債務比率は一時低下する。だが、９０年代のバブル崩壊後には、恒常的にロケットのような上昇傾向を辿り、世界トップに躍り出て今日に至っている。日本以外の主要国の政府債務は、健全財政を維持するドイツ６７％を例外に、２００８年のリーマン・ショック以降、共通して膨張した。主要国の政府債務の対ＧＤＰ比は、財政破綻が懸念されてきたイタリアでも１４５％の水準であり、続いてアメリカ１２２％、フランス１１１％、イギリス１０３％であり、やはり日本の２６１％は飛び抜けた水準にある。

「60年償還ルール」下の国債膨張

なぜこんなにまで日本の政府債務は膨張したのか。それは、まず第1に、国債市場が現代日本の資本蓄積の主要舞台の一つであること、第2に、日銀信用に支えられて国債が増発されたことである。それにしても、国債は、一般会計を発行母体にしているので、一般会計の歳出構成で、国債の利払費や元本償還費などの「国債費」が膨張してしまい、他の社会保障費などの一般歳出を押し除けるので、国民の反発をかいブレーキがかかるはずである。だが、国債発行残高が増大しても国債利払費が増大しないのは、日銀による国債の爆買いで国債金利が０％台に低位固定化されていることによるが、約1000兆円の発行残高にしては、元本償還費を含む「国債費」は少額でブレーキがかかっていない。

その秘密は、我が国の国債償還方式が、世界でも例のない、政府債務の返済を60年後まで先送りする「60年償還ルール」（図4-3）を採用しているからである。諸外国では、債務証書の国債は満期が到来したら現金で全額償還される。だが、日本では建設国債を発行し建造した公共建造物の平均効用年数を60年と想定し、この60年間で現金償還するという理屈から「60年償還ルール」が採用されてきた。そのうえ、1985年度以降、1年限りの特例法で発行され、見合い資産のない赤字国債までも建設国債と同じ「60年償還ルール」が適用された。赤字国債の満期到来時の全額現金償還の原則は変更され、借り換えのための国債（借換債）を発行して赤字国債を償還する借換償還方式が採用された。[7] 赤字国債の発行は現金償還の歯止めをなくし、膨張をたどる。

この「60年償還ルール」について、財務省は、「ある年度に600億円の国債を全て10年固定利付国債で発行したとすれば、10年（=60年の6分の1）後の満期到来時には、100億円（=600億円の6分の1）を現金償還し、残りの500億円は借換債を発行します[8]」、と解説している。つまり、公表される一般会計歳出中の「国債費（国債利払費+元本償還費」には、本来の元本償還費全体のわずか6分の1の現金償還額だけしか計上されておらず、残りの6分の5にあたる元本償還費は、一般会計ではなく国債整理基金特別会計に移し替えられ、この特別会計の発行する借換債で調達した財政資金で償還されている。

図４－３　借換債による公債償還の仕組み「60 年償還ルール」

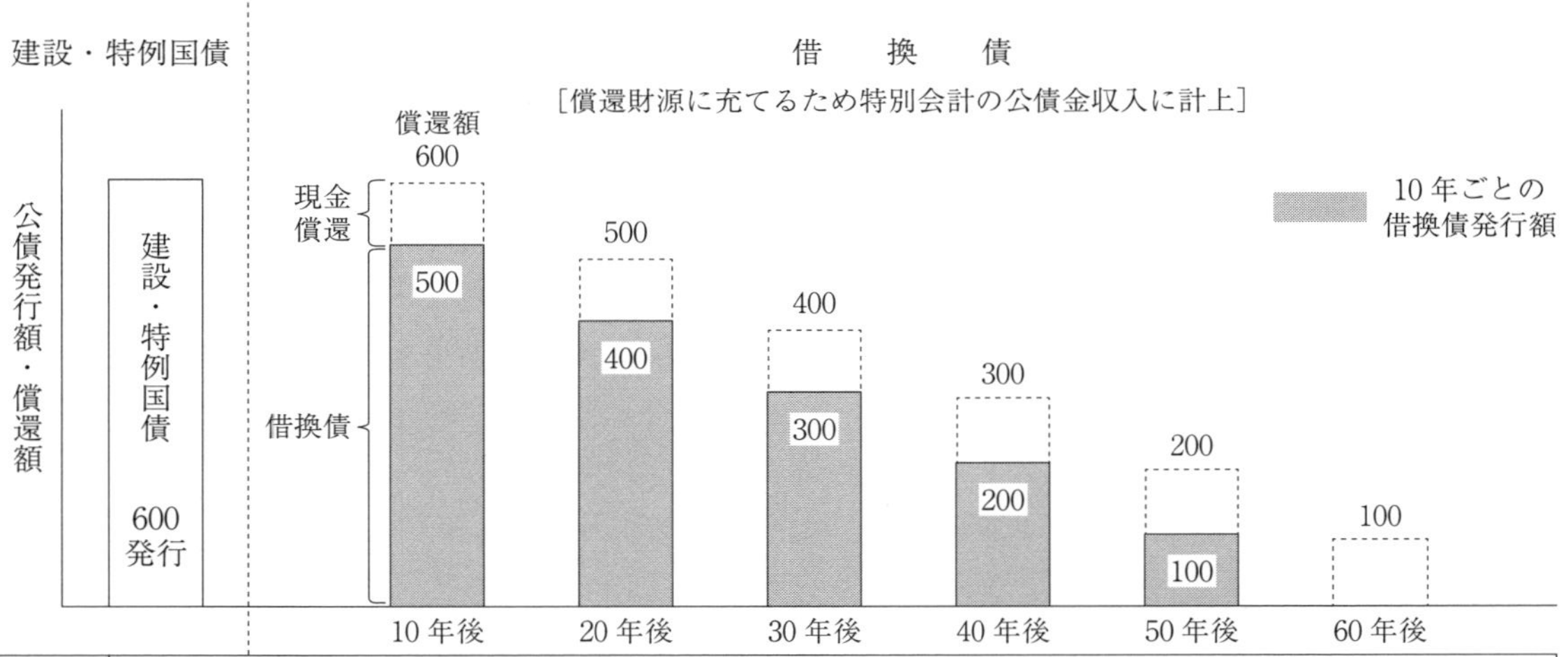

残　高	600	500	400	300	200	100	0	
		2～11年後	12～21年後	22～31年後	32～41年後	42～51年後	52～61年後	
定率繰入額		600×1.6% ×10＝96	500×1.6% ×10＝80	400×1.6% ×10＝64	300×1.6% ×10＝48	200×1.6% ×10＝32	100×1.6% ×10＝16	計 336
不足額		4	20	36	52	68	84	計 264

（出所）財務省『債務管理リポート 2023』57 ページ

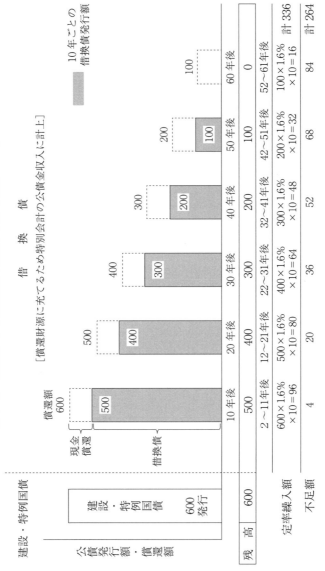

したがって、一般会計歳出の「国債費」はうわべでは極端に少額となる。元本償還費の6分の5は、一般会計から消し去られ、それに代わって国債整理基金特別会計による借換債発行額の膨張となって処理されているからである。2022年度の国債発行総額（227・4兆円）の内訳を見ると、一般会計を発行母体にした新規国債の発行額は62・4兆円（27・4％）だが、国債整理基金特別会計[9]の借換債発行額は148・4兆円（65・2％）に達している。

他の国では10年で全額現金償還する長期国債が典型的であるが、それを60年かけて償還する「60年償還ルール」のもとで、国債という借金の返済のために、新たに借換債の発行という借金を重ね、借金を雪だるま式に増やしてきた。その結果、世界でもトップレベルの「政府債務大国」に転落したのである。これが我が国の国家財政の現状である。

3　法人と富裕層増税に乗り出した欧米諸国

法人税・富裕層課税に踏み出した欧米

ブルームバーグ社によれば[10]、1981年の世界の法人税率平均は41・0％だったが、その後、新自由主義の米レーガン・英サッチャー・日中曽根政権などの減税政策が各国で支配的になり、1990年37・1％、2000年31・9％、2010年24・5％、そして2020年には23・9％まで引き下げられてきた。だが、2008年のリーマン・ショック対策や昨今のコロナ禍対策で政府債務が膨張したために、世界はいよいよ減税政策の転換を余儀なくされる。

ロイター社によれば[◆11]、欧州中央銀行（ECB）理事会メンバーの仏中銀総裁は政府債務の帳消しは不可能なので、財政の安定性確保のためには増税が不可欠と強調する。アメリカのバイデン新政権は、法人税率を現行の21％から28％へ引き上げて15年間で約2兆5000億ドルの財源を確保する[◆12]、所得が40万ドルを上回る個人への所得税率引き上げ、遺産税の対象拡大、年間所得100万ドル以上の個人に対するキャピタルゲイン税率引き上げなどを主張する[◆13]。またイギリスでも、英財務相は予算演説で、「2023年に法人税を現行の19％から25％に引き上げる[◆14]」と、約半世紀ぶりとなる法人税率の引き上げを主張した。イギリスの法人税は1980年代前半には52％だった。フランス下院は大企業が超過利潤から支払う株式の配当金に対する税率を30％から35％に引き上げる修正案を可決した。日本の政権を例外に、欧米はいっせいに大企業と富裕層への増税に踏み出した。

2021年7月に開催された主要20カ国・地域（G20）財務相・中央銀行総裁会議は、国際的な法人課税をめぐって、15％以上という最低法人税率を設定した。OECDは、この国際法人税改革によって世界の政府に総額約2500億ドルの追加歳入がもたらされるとの試算を発表した。

国際法人税改革は、多国籍企業が税率の低い国を選んで納税するのを阻止したり、課税の一部を企業が拠点を置く場所ではなく、製品・サービスを販売した場所に基づいて行い、アマゾン・ドット・コムやアルファベット傘下のグーグルなどＩＴ（情報技術）大手への課税を意図している。「パナマ文書」◆[15]が明らかにしたように、経済のグローバル化が進み、多国籍企業と富裕層は大規模な租税回避を行い、税制の不平等が無視できない事態にある。とりわけ、ＯＥＣＤ諸国の中でもトップレベルにある政府債務を抱える日本にとって、財政破綻や円暴落を回避するためにも、法人税増税や富裕層課税は避けて通れない火急の課題になっている。

応能負担で財政破綻と円暴落を回避

深刻化する政府債務の理解をめぐって、政府債務には国民の債権が向き合っているので、債権債務関係は互いに相殺される、との一般論が存在する。だが、この一般論が見落としているのは、国民全体が債権者ではなく、ごく限られた富裕層や内外の国債投資家だけが政府の債権者＝国債保有者なのであって、一般国民は消費税などを負担し、政府の債権者に国債の利子や元本償還のための支払いを余儀なくされていることである。現代日本は、国債・株式・預貯金などの金融資産を持つ者と持たざる者との資産格差が拡大した「貧困・格差大国」に転落してしまった。

政府債務は将来の税収の先取り消費なので、現世代だけでなく将来世代に過大な税負担を強要し、国民生活を貧困に陥れる。そのうえ、バブル経済の崩壊以降、長期間にわたって、法人税率は、1984年の43・3%をピークに現在の23・2%へと大幅に減税されてきた。他方で、1989年に3%の消費税が導入されるや現在では10%まで税率が引き上げられ、国民負担は増大している。1989~2023年7月現在で見ると、新たに導入された消費税収の累計額は509兆円に達し、国民に巨額の税負担となってのしかかっている。だが、税率を引き下げられてきた法人3税の減収累計額は317兆円、富裕層への金持ち減税である所得税・住民税の減収累計額も289兆円に達している(図4-4)。2023年度予算では、消費税の税収は23・3兆円なのに、法人税収はわずか14・6兆円にすぎない。

そのうえ、超低金利政策下で、企業は借入金利の低下によって金利コストを削減するが、国民は預貯金金利の低下によって利子所得を失ってきた。1991~2016年にかけ、企業は借入金利の低下によって571兆円の利払い費用を節約できたが、国民は預貯金金利の低下によって435兆円の利子所得を失った(図4-5)。近年の異次元金融緩和政策は、大企業・富裕層と一般国民の間の貧困と格差を拡大してきた。政府債務の累積に帰結する国債増発と異次元金融緩和政策の恩恵を享受したのは大企業と富裕層であった。注目されるのは、平均給与が長期間減り続けているにもかかわらず国民負担率は増大し、年収200万円以下の働く貧困層も拡大しているのに、大企業の内部留保金や経常利益は著しく増大し、対外純金融資産も富裕層の純金融資産も増大してきていることである。

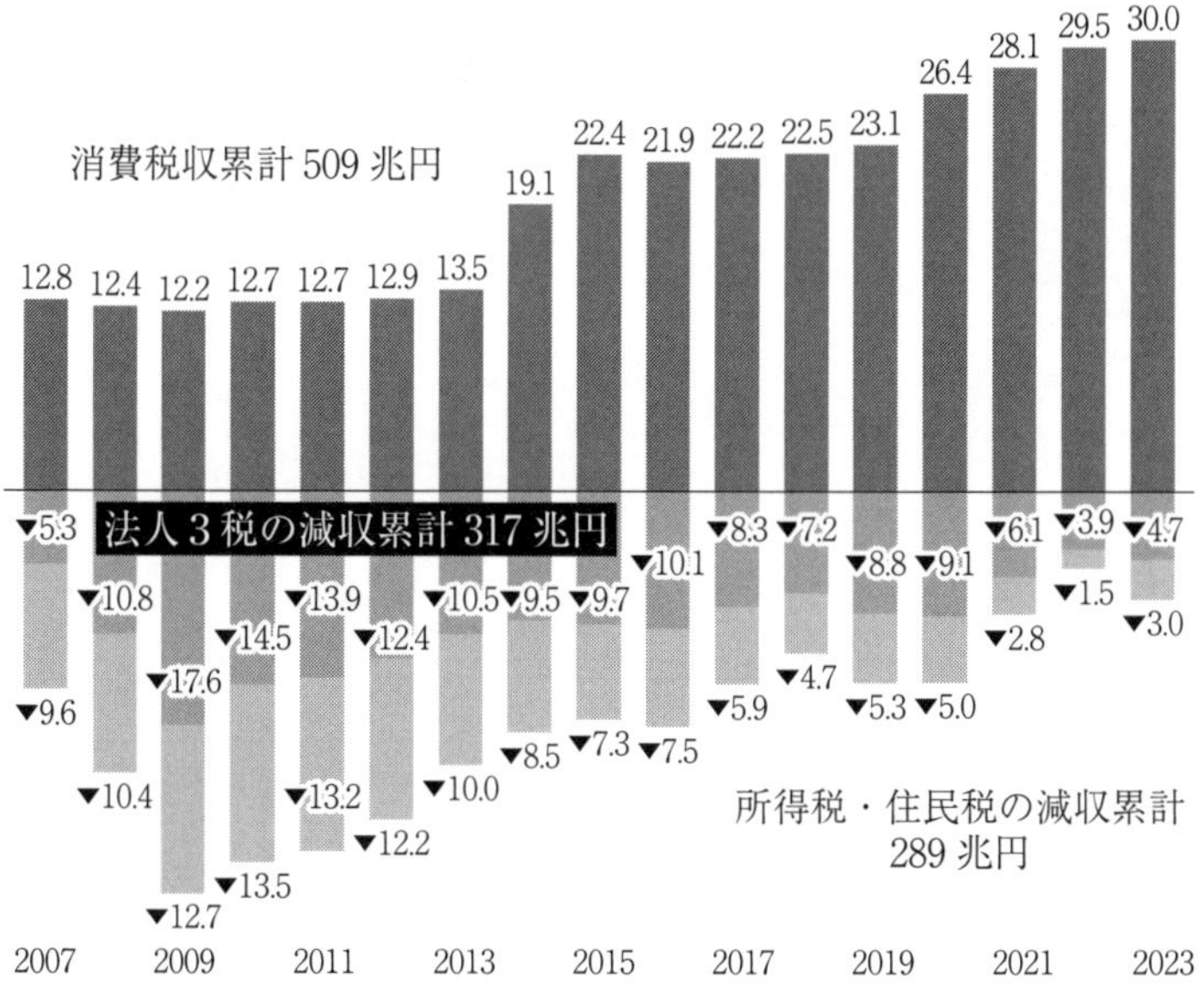

税・住民税は 91 年度に対する減収額、単位：兆円
算

増大する金融所得に課税する必要性が高まっているが、自民党の財務金融部会と金融調査会は反対する。周知のように、給与所得には住民税と合わせて最高55％が課税されるが、金融所得は一律約20％の分離課税であり、勤労者と金融資産家との間の不平等課税は無視できない。株取引で利益を上げる富裕層に有利な制度となっており、所得が1億円を超えると実質の税負担が下がる「1億円の壁」の一因でもある。

貧困と格差の深刻な拡大は、消費税増税などの国民負担でなく、負担能力のある大企業・金融機関や富裕層に応分の負担をしてもら

図4-4　消費税、法人3税、所得税・住民税の推移（2023年7月現在）

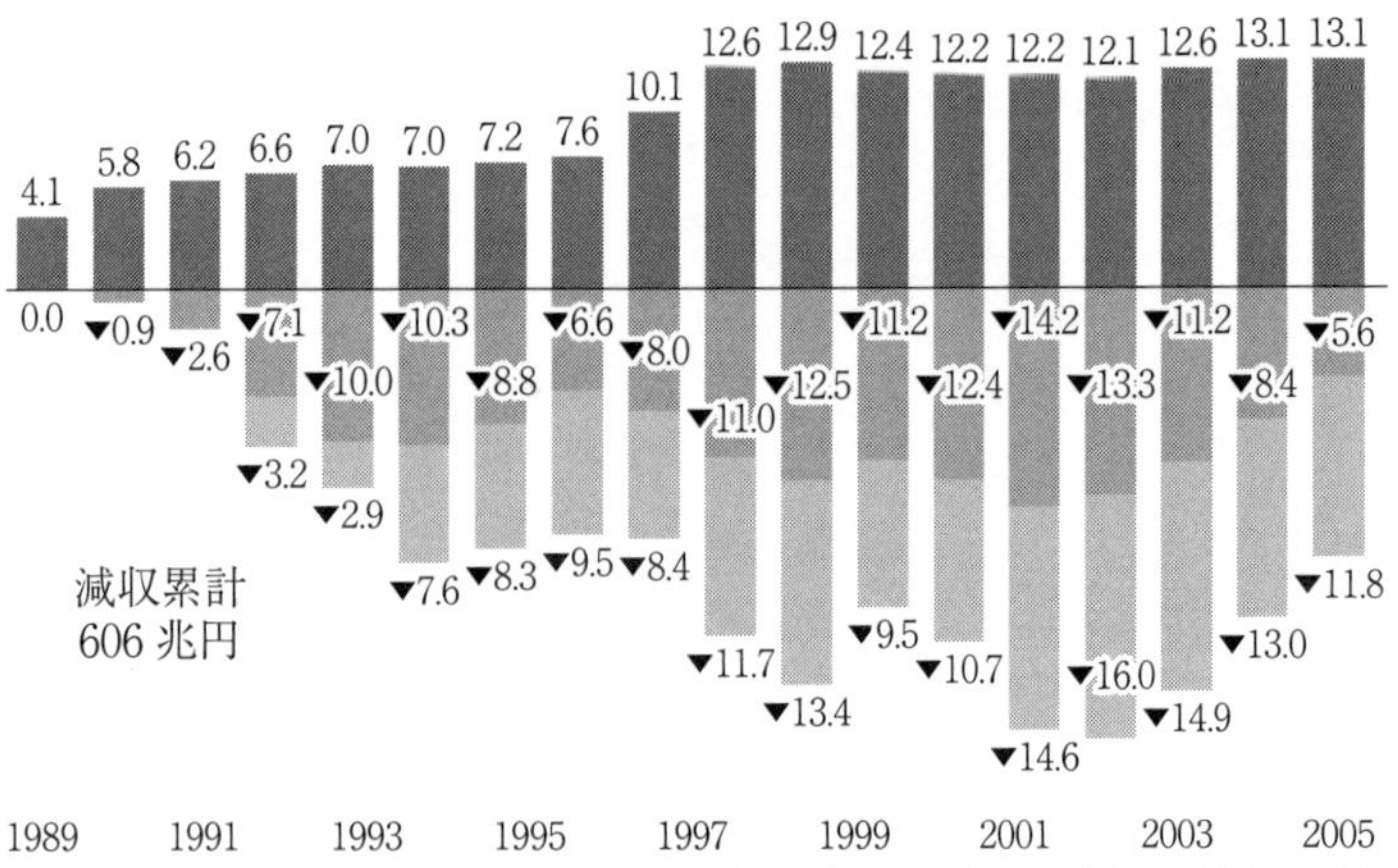

（注）法人3税（法人税、法人住民税、法人事業税）は89年度に対する減収額、所得
21年度までは決算額、22年度は決算見込み額、23年度は当初予算額により計
（出所）しんぶん赤旗2023年7月20日付

い、納税義務者がその負担能力に応じた納税義務を負う応能負担原則に立脚して政府債務問題を解決する根拠となるであろう。

その課税対象は、2022年度現在で、①511兆円におよぶ大企業の内部留保金、②世界最大の411兆円の対外純資産残高、③364兆円におよぶ富裕層の純金融資産、などである。さしあたって重複分を度外視すれば、この3つの課税対象の単純な合計額は1286兆円に達している。ただ、内外の株価や債券価格が下落すると、この巨額の金融資産も一挙に縮小することになるので、いまこそキャピタルゲイン課税で巨額の

図4-5　家計から奪われた利子総額 435 兆円（A－B）

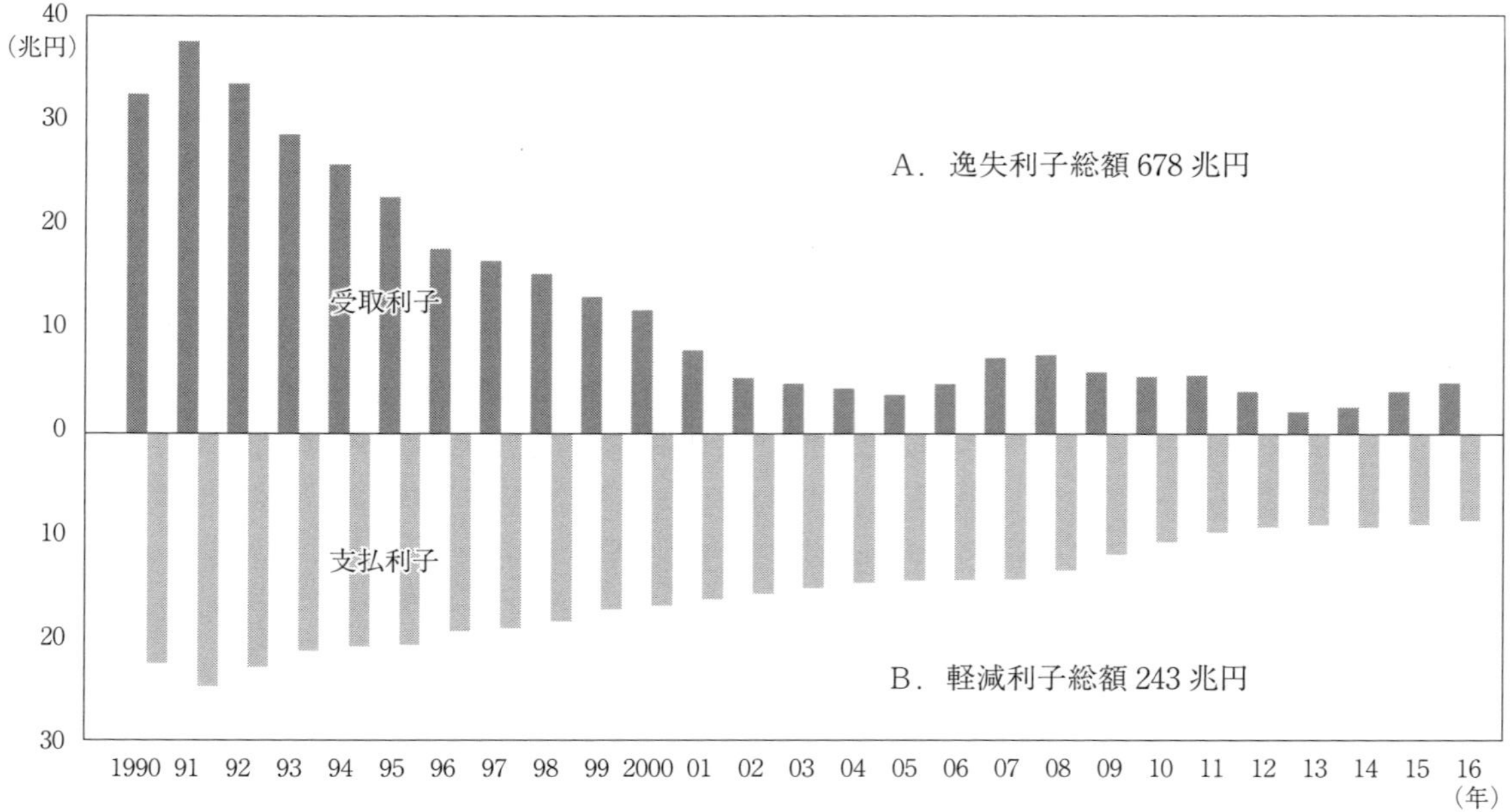

（注）企業部門は低金利で借入が可能になったので、同一期間で節約できた利払い費は 571 兆円に達する
（出所）内閣府・国民経済計算から作成。1993 年までは 2000 年基準、94 年以降は 2011 年基準

税収を得るチャンスである。さらに、この間の法人減税や各種の特別減税措置、所得税・相続税の最高税率の引き下げなど、新自由主義的な「大企業・金持ち減税」を続けてきたことで失われた税制と税収を復活させ、またグローバル企業が全世界で獲得した利益を合算した課税、グローバルな金融取引への課税、デジタル課税、炭素課税などの新たな税制と税収を実現することで、財政破綻を回避する時代が訪れている。

日本国憲法は国民主権を謳い、第25条で国民は「健康で文化的な最低限度の生活」をする権利があり、政府はその権利を保障する義務を負っている。法人税や富裕層への増税に踏み出した欧米のように、国民負担でなく応能負担で得た税収を政府債務の返済に振り向け、また過大なリスク資産を抱え込んだ日銀のバランスシートの改善に振り向けることで、迫りくる財政破綻と円暴落の異次元リスクを回避する大事業こそ、現代日本の火急の課題であると言えよう。

補論　インフレの歴史とヘリコプターマネー

金融政策で2%のインフレ目標を達成できないなら、財政政策でインフレを起こそうとした当時の安倍政権が注目したのが「シムズ理論」であり、ヘリコプターマネーであった。クリストファー・シムズ・米プリンストン大学教授は、２０１７年1月に来日し、次のような政策提言を行っている。「日本は、金融政策と併せて、財政政策を実施していくことこそ必要です。……中央銀行が財政政策の支えを求める際は、債務の大きさを判断の基準とするのではなく、インフレ（物価上昇）を条件とすることが欠かせません。インフレ目標を達成するために、財政を拡大するということです」◆16「私の提案は、人々に『財政支出拡大の目標は、インフレの創出である』と明示することだ。言い換えれば『政府の債務はインフレによって解消される』と理解してもらうことである」◆17との政策提言を行っている。

財政ルートからインフレを発生させる極端なやり方はヘリコプターマネーの散布である。

ヘリコプターマネー

ヘリコプターマネーとは、ヘリコプターを飛ばし、空から満遍なく国民に現金をばら撒《ま》くような政策を示している。◆18これは、ベン・バーナンキ米連邦準備理事会（ＦＲＢ）元議長がまだ理事だった時代に、「デフレ克服のためにはヘリコプターからお札をばら撒けば良い」と発言したことで話題になり、ＦＲＢ元議長は、「ヘリコプター・ベン」との渾名《あだな》がついた。

ヘリコプターマネーの特徴は、何の対価も取らずに、現金をばら撒くことにある。現代日本の「異次元金融緩和」といった超金融緩和政策であっても、日銀が供給するマネーは、民間銀行の保有国債の日銀買入（買いオペレーション）によって、国債という金融資産を日銀が受け取る見返りにマネーを供給しているのであって、決して現金をばら撒いているのではない。

したがって、現金をばら撒くには、日銀の金融政策ルートではなく、政府が財政政策ルートから実施することになる。1988~89年にかけ、政府は「ふるさと創生事業」の名目で、1億円の現金を各市区町村に配分したが、これを受け取った市区町村が純金のコケシなどを買ったり、公共事業に使ったりしないで、市区町村民に直接1億円を渡していたなら、国民に現金をばら撒いたことになる。交付金、商品券、地域振興券、子育て支援金、高齢者補助金など、名目は何であれ、政府は国民に現金をばら撒くことができるからである。

かりに、政府が、「ヘリコプター・ベン」や「シムズ理論」の提言を実行し、ヘリコプターマネー政策に踏み出したら国民生活はどうなるか。たとえば、30万円の賃金で生計を営む家庭が、これとは別に30万円の現金を政府から受け取ったとしたら、一挙に60万円で生計を営めることになる。すると、商品を売る企業サイドにすれば、価格を2倍にあげても国民の購買力はヘリコプターマネーのおかげで30万円から60万円に倍増しているので、商品は売れると判断し、価格を2倍近くまで引き上げるであろう。

実体経済の成長を伴わない状態で、国民がヘリコプターマネーを受け取り、使えるマネーの量が2倍に増えたなら、マネーの価値は半減する。マネーの価値が半値になることは、国民が預貯金として積み立てているマネーの価値も半値になることを意味する。なぜなら物価が2倍になっているので、いままで蓄えてきた預貯金を引き出し、それで買い物をしようとしても、購入できる商品は半分にしかならないからである。

すなわち、ヘリコプターマネーとは、国民に現金をばら撒いているように見えるが、その本質は、政府が強制的にインフレを起こすことによって、国民の預貯金を巧妙に引き出し政府債務を解消する政策にほかならない。

終戦日本のインフレ・預金封鎖と「竹の子生活」

インフレによって政府債務を解消した実例は、終戦直後の日本に見ることができる。

第二次世界大戦の戦費調達は、政府が発行した国債を日銀が直接引き受けるやり方で達成された。戦時の爆撃などで経済規模は30％も縮小し、物資が破壊され、モノ不足・供給不足のところに、軍事国債の日銀引受で調達された大量の財政資金が財政ルートから軍需企業へばら撒かれたので、爆発的なインフレが発生し、国民生活は破壊された。

戦後70年の特集を組んだ各紙◆19は、当時のインフレと国民生活の実情を以下のように伝えている。

「1946年に年間28円61銭だった光熱費は48年には13・9倍の397円36銭に、540円79銭だった主食費は10・5倍の5662円67銭に――。

兵庫県芦屋市の矢野靖子さんは3年前に93歳で亡くなるまで70年以上、家計簿をつけ続けた。

婦人誌の愛読者団体が刊行した『全国友の会家計報告』に載せた手記には『闇市で買ったさつま芋は1貫目（3・75キロ）300円の高値でした』との記述もある。サラリーマン世帯だった46年当時の矢野家の平均月収は190円。終戦直後のすさまじい物価上昇に苦しむ庶民の暮らしが浮かび上がる。

敗戦処理のための巨額の財政支出とモノ不足で、日本は激しいインフレに見舞われ、政府は46年2月、『新円切り替え』のための預金封鎖に踏み切った。国民の手持ちの紙幣を一定額だけ新紙幣に引き換え、残りは強制的に銀行へ。あふれるお金を預金に封じ込める荒療治だった。矢野さんは『貯金が引き出せず（夫の）会社から融資してもらった』と苦労をつづっている」。

マクロ統計の数値ではなく家計簿は、インフレ下の生活実態をいきいきと描き出す。たった2年間で光熱費が13・9倍、主食費が10・5倍も値上がりするようでは、生活は成り立たない。

それだけではない。この爆発的なインフレを抑えるために政府がとった措置は、いままで使っていた現金通貨の「円」の使用を禁止し、新円に切り替えるための預金封鎖であった。急展開するインフレはマネーの価値を急激に減価させるので、預金のままにマネーを蓄えておくとマネーはほとんど無価値になってしまう。そこで、預金を早く引き出してインフレに強い投資物件でマネーを蓄えようとしても、肝心の預金は封鎖され、引き出すことができない。目先の利く投資家が、先回りして預金が封鎖される前に引き出し現金として持っていても、いままで使えていた旧円は新円に切り替えないと使うことができない。旧円と新円の引き替え額は一人わずか100円にすぎない。

どう転んでも国民の預貯金は、政府のとったインフレ対策の前に無価値にされてしまったことになる。このような国民収奪は、金融緊急措置令（1946年2月16日）によって断行されたが、当時の政府・大蔵省は、「戦時中は一億総玉砕だと言っていた。もう一度、死んだと思ってやるしかない」[20]との態度で、戦費のツケを国民の犠牲で埋め合わせた。

インフレで物価は暴騰しているのに、給与は月500円だけ新円で払われるにすぎず、預貯金を取り崩し生活費に充てようとしても、世帯主による一ヵ月300円が許可されるだけとあって、国民の生活は、手持ちの品物を一つひとつ売って食いつなぐ「竹の子生活」を強いられた。

インフレによる債務者利得は政府と大企業へ

インフレを起こして政府債務を解消するというシムズ理論は、1000兆円を超える政府債務を抱える政府にとって、願ってもない「救世主」となろう。だが、国民は、インフレ物価高によって生活が破壊され、窮乏化を強要される。これは、いつか来た道でもある。終戦直後、ハイパーインフレによって政府債務が解消される一方、国民生活は破壊され、竹の子の皮を一枚一枚剝《は》ぐように衣類や家財を少しずつ売りながら食いつなぐ「竹の子生活」の苦い歴史的な経験が思い起こされる。

まずインフレが借金をしている側の債務者に利得を発生させるメカニズムに目を向けよう。債務者利得とは、借金し金銭を支払わなければならない義務を負うサイド＝債務者が、インフレの進展に伴いマネーの価値が減価したことで、返済額の実質価値の目減りが発生し、返済の実質的な負担を減らすことで享受する利得である。借金の代表的なものは、各国政府の国債発行残高であり、企業の借入金や社債であり、家計にとっては住宅ローンなどである。

インフレが進展すると、名目所得は上昇するが、すでに発行された国債・借入金などの返済元本や利子の金額そのものは変わらないので、実質的な返済負担は軽減する。1000兆円の政府の国債発行残高という債務も、たとえばインフレが10倍進展すると、実質成長率が低迷していても、名目成長率の上昇に伴ってゆくゆくは税収が10倍上昇することになり、その結果、1000兆円の実質的な返済負担は10分の1にまで軽減する。

第二次世界大戦下に抱えこんだ莫大《ばくだい》な軍事国債残高＝政府債務を解消したのは、戦後直後に発生したハイパーインフレであったことが想起される。各国の政府債務の解消の歴史も、実質的な経済成長による税収増で解消した国はほとんどなく、インフレによる債務の実質的な解消によって、「解消」してきた。この点について、世界の政府債務危機の歴史を研究したジャック・アタリは、政府債務を解消するために「常に採用される戦略はインフレである」[21]と指摘する。

政府や企業だけでなく、国民の中にも数千万円の住宅ローンを抱えた債務者が存在する。たしかにインフレは、住宅ローンの実質負担を軽減する。だが、政府債務・企業債務と違い、家計債務の返済資金は、賃金所得に依存している。賃金は、インフレに先行して引き上げられることはない。インフレで破壊された家計の窮状を改善するため、賃金の引き上げを企業に求める労働者の働きかけを企業が認めて初めて実現する。インフレ下の名目的な賃金上昇は、進行するインフレの後を追いかける形で実現するにすぎない。したがって、インフレによる住宅ローン債務が軽減する前に、生活物資の高騰が家計を襲うことになるので、生活は困窮する。

それだけではない。もし住宅ローンの返済を変動金利で契約していたなら、毎月の返済額はおどろくほど跳ね上がる。というのも、インフレは金利上昇を伴うからである。住宅ローンの貸出サイド＝銀行からすれば、インフレが進展しているのに、金利を据え置いたままなら、その分損失が発生するので、インフレの進展度合いに合わせて金利を引き上げるからである。

たとえば、2620万円（2016年の住宅ローン全国平均額）を当初0・5％の変動金利で25年間で返済する場合、毎月の返済額は、9万2923円だが、5％のインフレ発生に連動して5年後金利が5％に上がると、毎月の返済額は14万33円に跳ね上がる。これでは、家計部門にとって、住宅ローンによる債務者利得など雲散霧消し、月々巨額の返済に追いまくられる。最近、財政破綻したギリシャの場合、住宅ローン金利の元になる長期金利（10年物長期国債金利）は最高で38・5％まで暴騰した。このように、家計部門は、インフレの被害に直撃され、賃金は遅れて上がり、さらに住宅ローン金利の上昇により返済額が増大する。したがって、「シムズ理論」の政策提言がそのまま実現し、インフレが進展したなら、家計部門・国民生活は、「弱り目に祟《たた》り目」、「泣き面に蜂」という悲惨な事態に直面する。

これに対して、政府債務の場合、発行される国債の多くは初めから金利が固定された確定利付債なので、インフレが進展すればするほど、債務者利得を得ることになる。ただ、インフレに伴う金利上昇後に発行される新規発行国債の場合には、投資家に支払う金利を上げないと国債は発行できなくなるので、金利負担は増大する。とはいっても、国債の元利払いに向けられる資金は、国家の徴税権によって強制的に税収として保障されている。その負担分は納税者に消費税増税など、各種の増税となってかぶさってくる。

企業債務の場合も、その返済は、インフレに便乗した商品価格やサービス料金の値上げ分を返済資金に回せるので、家計の債務返済とはまったく事情が異なる。むしろ、企業の場合は、政府同様、インフレによる巨額の企業債務の軽減＝債務者利得の恩恵に浴することになる。ただ、企業といっても、地域経済や生活密着型の中小零細企業は、大企業や親企業からの高い仕入れ価格の負担が増大することになり、しかもその負担分を店頭の価格に転嫁できる割合は小さいので、その経営は、国民生活同様、インフレによる困難を伴うことになる。

インフレで利益を拡大する大企業

国民生活の窮乏とは裏腹に、インフレを利用し債務負担を軽減し、価格を吊り上げ、利益を拡大してきたのが戦後の大企業である。インフレが発生しても、原材料資源の高騰を商品価格に転嫁できる大企業にとって、むしろインフレを利用し利益を拡大してきた。それは、オイル・ショック後の「トイレットペーパー騒動◆[22]」に象徴される１９７４～１９７５年の「狂乱物価」の下で検証される。

１９７４年1月1日、ＯＡＰＥＣ（アラブ石油輸出国機構）は、それまで1バーレル3ドル１・1セントの原油価格を１１ドル６５・１セントへ、4倍近くも引き上げたため、世界経済に激震が走り、世界各国の物価は一様に高騰した。日本の１９７４年の年間物価上昇率は、卸売物価で２９％、消費者物価で１９・１％を記録した。

原油価格の大幅上昇は、企業にとって原材料資源コストの大幅上昇となるので、企業は損失を計上したかといえば、そうではなく、逆に収益を大幅に伸ばしたのであった。企業の増益率は、１９７３年下期から１９７４年上期にかけ、４０・６％を記録した。なぜか。その理由は、原材料資源コストの上昇分をはるかに上回る大幅値上げ・価格転嫁を行ったからであった。

大企業は、インフレ物価高という経済環境の激変を利用し、自社製品の価格をつり上げ、むしろ利益を拡大したのであった。当時特集を組んだ『エコノミスト』誌の表現を借りれば、「大企業主導による先取り的価格引き上げ◆[23]」が行われていた。この点について、日銀も、当時の企業の収益構造の変化に注目し、以下のように指摘している。「今回は増益率自体が大幅となっているが、利益増の要因中売上数量増の寄与は比較的小さく、むしろ製品価格上昇によるところが圧倒的に大きくなっている◆[24]」。

インフレ物価高を利用して利益を拡大することのできる企業は、独占的な市場占拠率を持ち、コストの上昇を製品価格に転嫁できる大企業に限られる。中小零細企業は卸売物価の高騰に直撃される。年間で169・1％も暴騰したトイレットペーパー・ちり紙をはじめ、国民生活関係物資を襲ったインフレ・物価高は、19・1％の消費者物価全体の上昇となって、国民生活に困難をもたらした。

注

◆1　本会議に先立つ衆議院財務金融委員会での筆者の国会参考人としての意見や審議は、次のURLを参照されたい。https://www.shugiintv.go.jp/jp/index.php?ex=VL&deli_id=51514&media_type=

◆2　2012年11月、第108回国会、法律第101号「財政運営に必要な財源の確保を図るための公債の発行の特例に関する法律」は、その第2条で、「平成二十四年度から平成二十七年度までの間の各年度の一般会計の歳出の財源に充てるため、当該各年度の予算をもって国会の議決を経た金額の範囲内で、公債を発行することができる」とした。

◆3　財政法第5条は国債の日銀引受を禁じている。「すべて、公債の発行については、日本銀行にこれを引き受けさせ、又、借入金の借入については、日本銀行からこれを借り入れてはならない。但し、特別の事由がある場合において、国会の議決を経た金額の範囲内では、この限りでない」。

◆4　国債引受シ団の廃止に先立ち、2004年10月から欧米のプライマリー・ディーラー制度を参考にした国債市場特別参加者制度が導入され、内外の代表的な金融機関21社が国債の公募入札に参加し、発行予定額の5％以上の応札などの責任を持たせる一方、財務省から様々な情報が提供され、意見交換を行うことができる。財務省理財局『債務管理リポート2020』、45ページ。

◆5 「デフレ脱却と持続的な経済成長の実現のための政府・日本銀行の政策連携について（共同声明）」（2013年1月22日、内閣府・財務省・日本銀行）

◆6 大蔵省『財政金融統計月報』35号「公債特集」、1953年、25ページ。

◆7 赤字国債に「60年償還ルール」が適用された経緯については、中島将隆「なぜ赤字国債の無制限発行が可能になったか」『証券経済研究』第81号（2013年3月）を参照されたい。

◆8 財務省理財局『債務管理リポート2020』、72ページ。

◆9 財務省主計局『令和2年版特別会計ガイドブック』は、「国債整理基金特別会計は、一般会計において発行された公債を中心に、国全体の債務の整理状況を明らかにすることを目的とし、……一般会計において発行された公債等は……借換債の発行収入金等を償還財源として本特別会計から償還が行われる」（47ページ）と指摘する。制度の解説は財務省・財務総研スタッフ・レポート「国債整理基金特別会計および借換債（前倒債）入門」2021年5月25日（№21－SR－04）を参照されたい。

◆10 Alessandra Migliaccio, Saleha Mohsin「G7、法人税の国際的な最低税率15％で合意に近づく―関係者」2021年6月5日。https://www.bloomberg.co.jp/news/articles/2021-06-04/QU6OGLT0AFB501

◆11 ロイター編集「バイデン氏の法人税妥協案、投資家は歓迎　インフラ計画にプラス」2021年

7月10日、https://jp.reuters.com/article/idJPKCN2EF219?il=0。『経済』2021年8月号特集「バイデン政権とアメリカ資本主義」は最近のアメリカの動向を詳しく分析している。

◆12 ロイター編集「米財務長官、法人増税計画を発表　化石業界の優遇も停止へ」2021年4月8日。https://jp.reuters.com/article/usa-tax-yellen-idJPKBN2BU3D3

◆13 Nancy Cook, Laura Davison「バイデン大統領、1993年以来の本格増税検討―経済プログラムの財源で」2021年3月15日。https://www.bloomberg.co.jp/news/articles/2021-03-15/QPZKL8DWLU6E01、バイデン改革については、奥村皓一『転換するアメリカ新自由主義――バイデン改革の行方』（新日本出版社、2023年）を参照されたい。

◆14 木村正人「英米が大増税に舵を切る⁉　コロナ対策で膨らんだ政府の借金をどう返すかの議論が始まった」2021年3月5日。https://www.newsweekjapan.jp/kimura/2021/03/post-98.php

◆15 詳しくは、合田寛『パンデミックと財政の大転換――GAFA支配と租税国家の危機をこえて』（新日本出版社、2021年）、「パナマ文書が暴く金融資本主義の闇」『週刊金曜日』2016年5月20日、を参照されたい。

◆16「特別レポート　シムズ教授本人が解説、デフレ脱却の新手法『シムズ理論』」（http://diamond.jp/articles/-/117435）、『週刊ダイヤモンド』2017年2月10日。

◆17「クリストファー・シムズ　米プリンストン大学教授インタビュー『政府債務、インフレで解消明示を』」『週刊エコノミスト』2017年2月14日号。

◆18 ヘリコプターマネーに言及した論考は多くあるが、たとえば、「特集：ヘリコプターマネーの正体」浜矩子「空から毒入りの紙幣が降るとき」『週刊エコノミスト』２０１６年7月１６日号、佐々木融「コラム：ヘリコプターマネーの悲劇」http://jp.reuters.com/article/column-forexforum-tohru-sasaki-idJPKCN0WQ0RJ?sp=true）FX Forum、２０１６年3月２５日、唐鎌大輔「コラム：円の価値を「叩き壊す」ヘリマネ議論」http://jp.reuters.com/article/column-forexforum-daisuke-karakama-idJPKCN0ZV0R2?sp=true　FX Forum、２０１６年7月１６日、などを参照。

◆19　「戦後７０年：暮らしと経済・３家計簿の『悲劇』度重なるインフレ」毎日新聞２０１５年8月１５日付。

◆20　「戦後６０年の原点：シリーズ・あの日を今に問う　新円切り換え（その1）」毎日新聞２００６年2月１５日付。

◆21　ジャック・アタリ著、林昌宏訳『国家債務危機――ソブリン・クライシスに、いかに対処すべきか？』作品社、２０１１年1月、１７５ページ。

◆22　「オイル・ショックでパルプなどの物資が不足し、トイレットペーパーがなくなる」との噂が広がり、われ先に買い占めに走る全国的な騒動となったため、値段が上がり、他の商品価格にも波及し、企業は大儲けできたが、後になってわかったことは日本の紙生産は安定しており、物不足など発生しなかったことである。

◆23　「特集　石油で噴出した企業危機　仕組まれた石油危機への告発状　危機を演出した少数者たち」『エコノミスト』１９７４年2月１２日号、１２ページ。

◆24　日本銀行調査月報『昭和４８年の金融経済の動向』１９７４年増刊号、６２ページ。

第5章　差し迫る日本の金融・財政危機

――異次元金融緩和とカジノ型金融独占資本主義の破綻

2022年の年末、世界の金融市場に激震が走った。日本を震源にする「黒田ショック」◆1が世界を襲い、円ドル相場の乱高下や国債価格・株価の急落が世界に伝播したからである。米国債の国外の最大保有者は日本なので、米国債市場も急落した。2023年に入ると、アメリカの大手地方銀行の破綻《はたん》が相次ぎ、ヨーロッパの大手金融機関の経営破綻も表面化した。

世界の金融市場を揺るがした日本震源の「黒田ショック」は、欧米の金融機関の個別的な経営破綻とは次元を異にする。というのも、「黒田ショック」は個別金融機関の経営問題ではなく、異次元金融緩和政策という世界に例を見ない、政府と日本銀行が共同で推進してきた異常な政策（アベノミクス）そのものに起因しているからである。

差し迫る日本の金融・財政危機は、中央銀行の独立性が剝奪（「日銀は政府の子会社」安倍晋三元首相）され、時の政権の道具として利用された場合、どのような事態に陥るのかを示している。

2023年4月、異次元金融緩和政策を担ってきた日銀総裁は、財務省出身の黒田東彦氏から初めて経済学者の植田和男氏に交代した。だが、その政策は継承された。というのも、あまりにも多くの問題点を抱えた異次元金融緩和政策は、その「出口」があまりにも困難なため、誰が総裁になってもすぐに方向転換はできないからであり、政府も財界も現状維持を望んでいるからである。

カジノ型金融独占資本主義ともいうべき現代日本は、金融と財政のあり方を抜本的に改革しない限り、金融・財政、さらには経済社会と国民生活を深刻化する事態がますます矛盾を深めながら続いていくであろう。他方で、このような事態は、内外の金融投機集団や金融独占資本に金融収益をもたらすビジネスチャンスを提供している。

1　投機集団の攻撃招いた国債利回り曲線の歪み

ひとことエコノミクス7

長短金利操作（ＹＣＣ）とは

長短金利操作（ＹＣＣ：Yield Curve Control：イールドカーブ・コントロール）とは、日本銀行が２０１６年９月に導入した「長短金利操作付き・量的質的金融緩和」政策の主柱になっている金利操作である。イールド（yield）とは利回りのことであり、イールドカーブとは、横軸に国債の残存期間、縦軸に最終利回りをとった座標上に、残存期間と最終利回りに対応する点をつないでいった右肩上がりの利回り曲線のことである。

日銀は、長期金利（長期国債金利）と短期金利（政策金利）の誘導目標を操作し、イールドカーブ（利回り曲線）をゼロ％程度の低水準に押しとどめることを目指している。マイナス０・１％の短期金利（政策金利）の誘導に加え、長期金利の誘導水準（長期国債利回りを０・５％以内、その後１・０％以内へ）を定め、その水準になるよう国債を無制限に爆買いするようになった。

その暗黙の狙いは、①長期国債金利を０％台の低水準にとどめることで国債の利払い費用を増やさないようにすること（財務省の要望）、②超金融緩和と国債バブルを持続することと（大資本や内外の国債投資家の要望）である。

本来不可能な長短金利操作（ＹＣＣ）

国会答弁や記者会見でも明らかなように、植田和男・新日銀総裁は、イールドカーブ・コントロール（長短金利操作、ＹＣＣ）政策など、現行の異次元金融緩和策の据え置きを決めた。

２０１６年９月の金融政策決定会合で、日銀が新たに導入したイールドカーブ・コントロール◆2は、従来の異次元金融緩和政策を構成する「量的・質的金融緩和」政策、その後の「マイナス金利付き量的・質的金融緩和」政策、さらにその延長線上で新たに導入された「長短金利操作付き量的・質的金融緩和」政策の主柱を構成している。

周知のように、日銀が金融調節のために実施する従来からの公定歩合操作（現在の政策金利操作）は、短期金融市場における短期金利の操作を舞台にした金融政策である。短期金利の操作は日銀に当座預金口座を持つ民間金融機関と日銀との間で直接実施されるので、日銀が短期金利の水準に影響を与えることは可能である。

だが、新たに導入されたイールドカーブ・コントロール（長短金利操作）は、長期金利の水準まで日銀が操作しようとする金融政策である。長期金利とは、償還期間10年の長期国債の利回り（長期国債投資によって得られる利子・償還差益・売買差益などの年間収益の割合）で表示される金利である。その水準は日銀によって決定されるのではなく、内外の国債投資家による国債投資の動向によって、現在ではグローバルな民間金融市場の動向・市場原理によって決定される金利にほかならない。内外の国債投資家の国債投資が増えると国債金利は低下（国債価格は上昇）する。

したがって、長期金利の水準を中央銀行の金融政策で決定することは本来不可能である。やれるとすれば戦時の統制経済の下で、国家と一体になった金融政策ということになろう。例えば、アメリカでは第二次世界大戦の期間だけの特殊事情から、戦費調達のため大量に発行される国債の利払い負担を低く抑え込むための国債管理政策として、一時的にイールドカーブ・コントロール（長短金利操作）が導入されたことくらいである。今回日銀が導入したイールドカーブ・コントロールは、この戦時下のアメリカに倣ったものといえるであろう。◆3

アベノミクスは日銀からのマネタリーベースを拡大すれば、自動的にマネーストックが増大し、

２％の物価目標も達成できるとの誤った理論（貨幣数量説◆[4]）で失敗したが、日銀はまたも同じような過ちを犯していることになる。

長期金利の低位固定化の狙い

イールドカーブ・コントロールの狙いは、国債利回りに代表される長期金利を低位固定化することにある。周知のように、現代日本が抱え込んだ１４４１兆円の政府債務残高（国債・財投債・地方債など）は、すでに自国の経済規模（ＧＤＰ）の２・６倍に達している。その大半は、一般会計を発行母体にした普通国債発行残高（１０６８兆円）である◆[5]。財務省は、「財政の持続可能性を見る上では、税収を生み出す元となる国の経済規模（ＧＤＰ）に対して、総額でどのぐらいの借金をしているかが重要◆[6]」と指摘する。この点で、日本は財政の持続可能性が危うくなった世界トップクラスの「政府債務大国」といえる。

だが、その全貌は一般会計と特別会計間の複雑な会計操作によって隠されているので、一般会計予算だけではわからない。日本の国家財政の全体像は、一般会計の2倍ほどの規模を持つ１３の特別会計と一般会計とを合計し、会計上の重複分を除いた歳入歳出の純計額で確認される（図５－１）。

歳入歳出の純計額で見ると、年間の予算規模が２７０兆円ほどに達する日本の国家財政全体（一般会計プラス特別会計）について、２０２２年の当初予算では、経費別歳入純計額（２７１・５兆円）の３９・３％（１０６・７兆円）が借金（「公債金及借入金」）に依存している。この巨額の借金の返済額＝国債費は、経費別歳出純計額（２６９・７兆円）の３４・３％（９２・７兆円——但し、

図5-1　一般会計と特別会計の主要な経費別歳入歳出純計額（令和４年度当初予算）

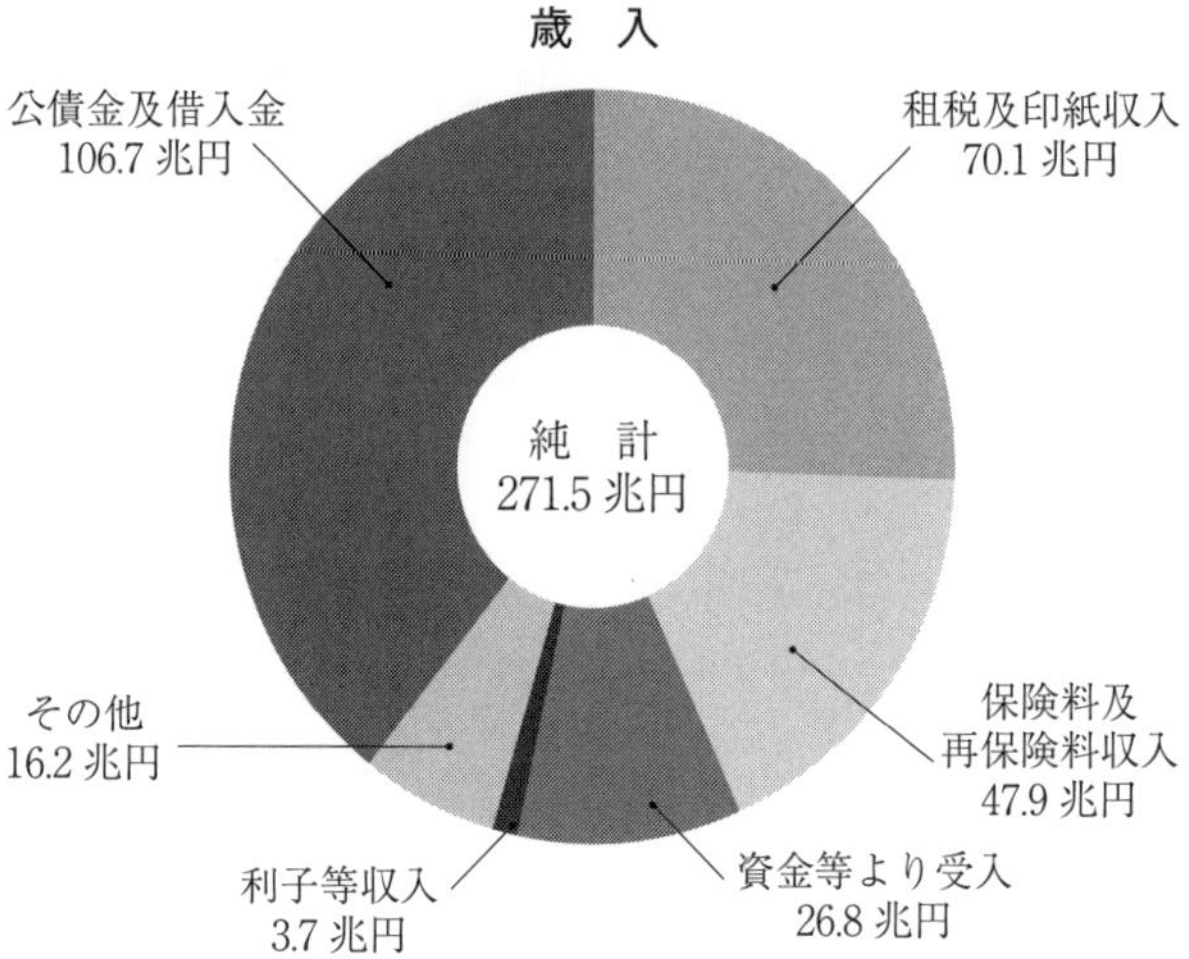

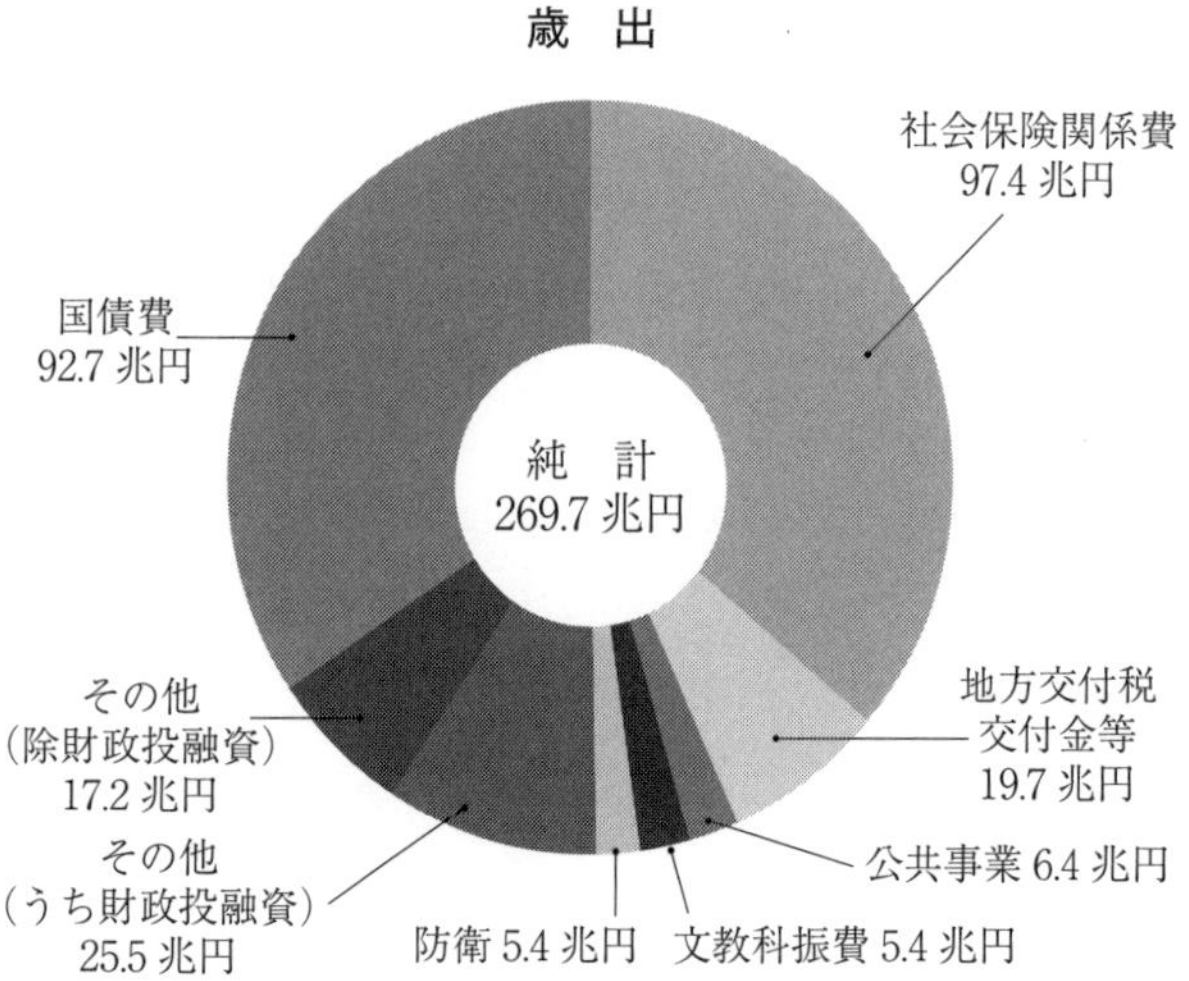

（出所）財務省『令和４年版特別会計ガイドブック』27 ページ

国債整理基金特別会計で処理されている借換償還額164・5兆円などを含めると、一般会計の国債費負担総額は約173兆円）に達している。◆7 このように日本の国家財政は、歳入の4割が借金に依存し、歳出の3割強が借金返済に費消される自転車操業であり、火の車状態にある。

国債利払い費用の水準は、代表的な長期国債の長期金利の水準によって決定されるので、国債利払い費を低く抑えるには長期金利を低水準に押し込めることが財務省・政府にとって重要な課題になる。それは、異次元金融緩和政策のもと、増発される国債を日銀が大量に買いまくり、中央銀行信用を動員して長期金利の水準を低水準（＝国債価格は高水準へ）に維持することになる。財務省出身の黒田前日銀総裁は、イールドカーブ・コントロールによって、本来コントロールできない長期金利にも狙いを定めた金利の低位固定化の仕事を忠実に実行してきたわけである。

長期金利の低位固定化は、国債利払い負担の軽減だけにあるのではない。企業にとっては長期プライムレートや社債金利の低位固定化として作用し、金利コストを削減してくれる。個人・家計にとっては住宅ローン金利の低位固定化として作用し、家計の金利負担を軽減する。超低金利環境の長期化は総じて景気刺激的に作用するからである。

他方で、貸出金利の低位固定化は、預金貸出業務に依存する地方銀行や中小銀行の預貸金利鞘を縮小させ、経営悪化をもたらした。さらに低金利の銀行預金から海外投資や株式などの金融商品への資金移動を促進した。10年間でアメリカや租税回避地のケイマン諸島などへ3兆4000億ドル（約451兆円）に達する国内資本の海外逃避（キャピタルフライト）◆8 を招きつつ、国内では株式

図５-２　国債の利回り曲線（イールドカーブ）のゆがみ

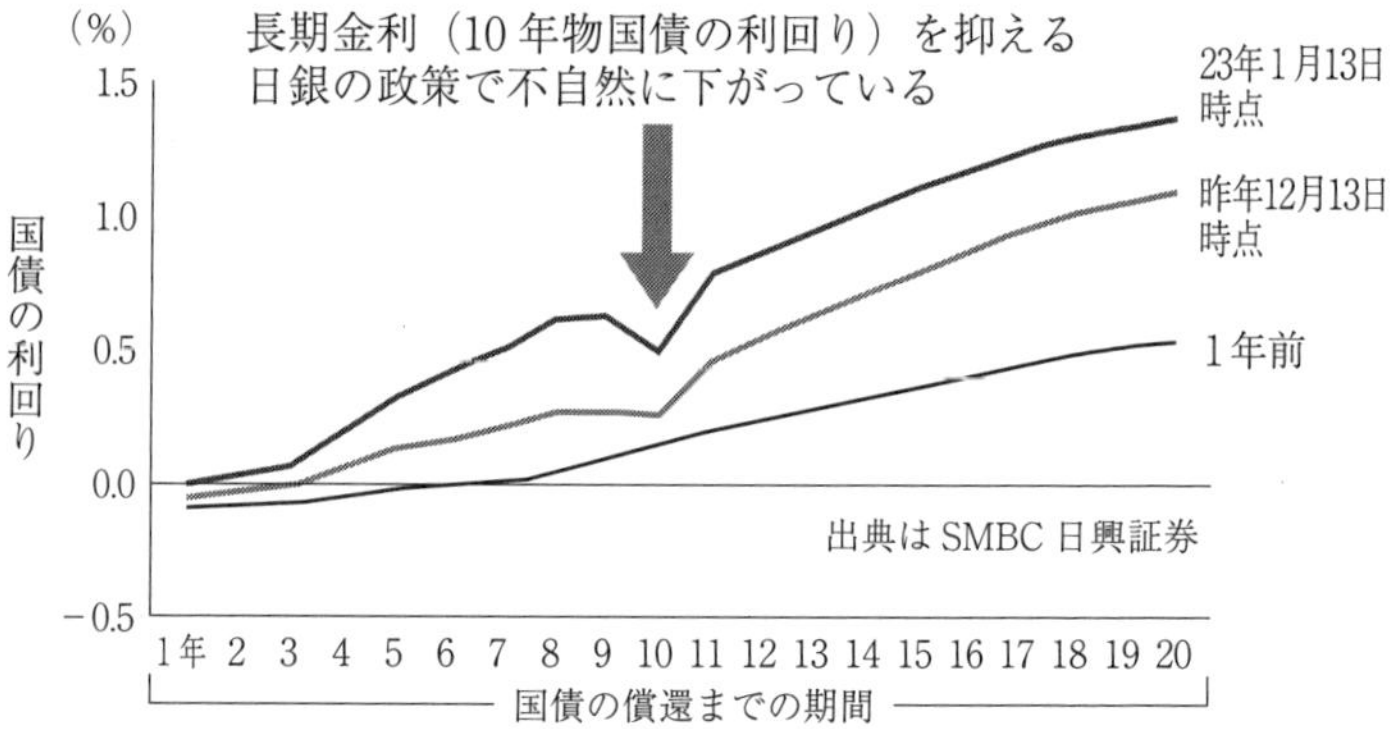

（出所）朝日新聞デジタル 2023 年 1 月 18 日付

バブルや不動産バブルを助長させた。金利の低位固定化は、内外の投資家、大企業や富裕層の金融資産の増大に大貢献した。

攻撃された国債利回り曲線の歪み

国債の利回りは償還期間が長くなればなるほど、予測不能のリスクも大きくなるので、その分だけ高利回りを形成する。償還期間が1年未満の短期国債から数十年に及ぶ超長期国債の利回りをそれぞれつなげてグラフに描くと、それは右肩上がりの曲線になる。

だが、２０２２年暮れから２３年１月に至り、１０年物長期国債の利回りがそれより償還期間の短い国債利回りを下回る事態（逆イールド）に陥った。国債の長短利回りが逆転し、利回り曲線に歪みが発生した（図５－２）。日本の国債市場は市場原理から逸脱してしまった。

このような事態を金融投機集団が見過ごすことはなく、

黒田日銀は内外の国債投資家や金融投機集団に格好のビジネスチャンスを提供してしまった。

国債の利回り曲線に大きな歪みが発生したのは、イールドカーブ・コントロールによって長期国債金利を0・5%以内の超低金利に抑え込もうとした日銀による長期国債の爆買いのためである。とくに日銀は、金融政策決定会合で修正した政策で長期金利の上昇という激震に見舞われたので、2022年12月20日から23年1月20日のわずか1ヵ月間で22兆円の長期国債を爆買いし、強引に長期金利の低位固定化に邁進した。日銀は、あらかじめ決めた0・25%の利回りで金融機関から無制限に国債を爆買いする公開市場操作（＝指値オペ）を毎営業日実施した。23年1月12日にはこの日だけで4・6兆円を爆買いした。そのため、日銀の爆買いの対象になった長期国債金利だけが低位固定化され、国債利回り曲線に歪みが発生したのである。

この歪みは市場原理から逸脱した事態なので、今後も、日本の長期金利は市場から上昇圧力を受け続けることになる。事実、黒田日銀を継承した植田新日銀は市場原理の圧力に屈し、2023年7月28日、連続指し値オペの利回りを1・0%に引き上げ、変動幅の上限を0・5%から1・0%まで拡大した。こうした事態は、金利上昇を予測し、空売りで一攫千金《いっかくせんきん》を狙う内外の金融投機集団の攻撃をさらに誘発し、第2、第3の「黒田ショック」が今後も発生することになろう。

というのも、日本の国債売買市場は高い売買シェアを持つ海外の投機集団の影響下にあるからである（図5－3）。海外投資家による日本国債投資の特徴は、国庫短期証券（T-Bill）や国債先物に向けられ、長期保有による利子収入（インカムゲイン）でなく、短期売買での売買差益（キャピタル

図5-3　国債市場における海外投資家のシェア

①海外投資家の国債保有割合

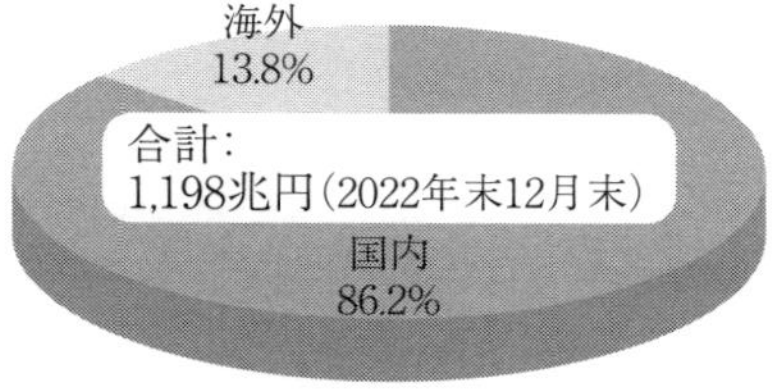

（注１）国庫短期証券（T-Bill）を含む。
（注２）2022 年 12 月末時点における割合。
（出所）日本銀行「資金循環統計」

国債流通市場における海外投資家売買シェア

②現物　③先物

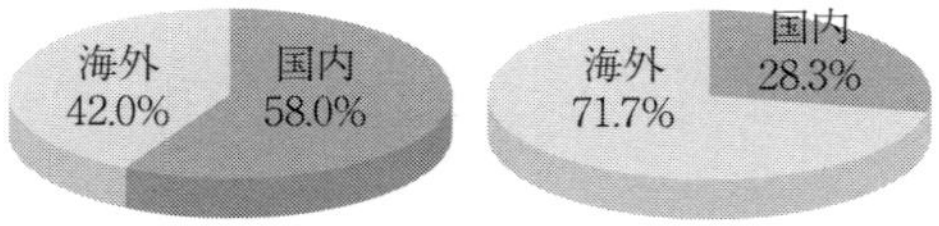

（注１）国庫短期証券（T-Bill）を含む。2022 年第 4 四半期（10-12 月）における割合。
（注２）②現物は債券ディーラー分を除いた係数。
（出所）日本証券業協会、日本取引所グループ

〈海外投資家の国債等保有割合、売買シェアの推移〉

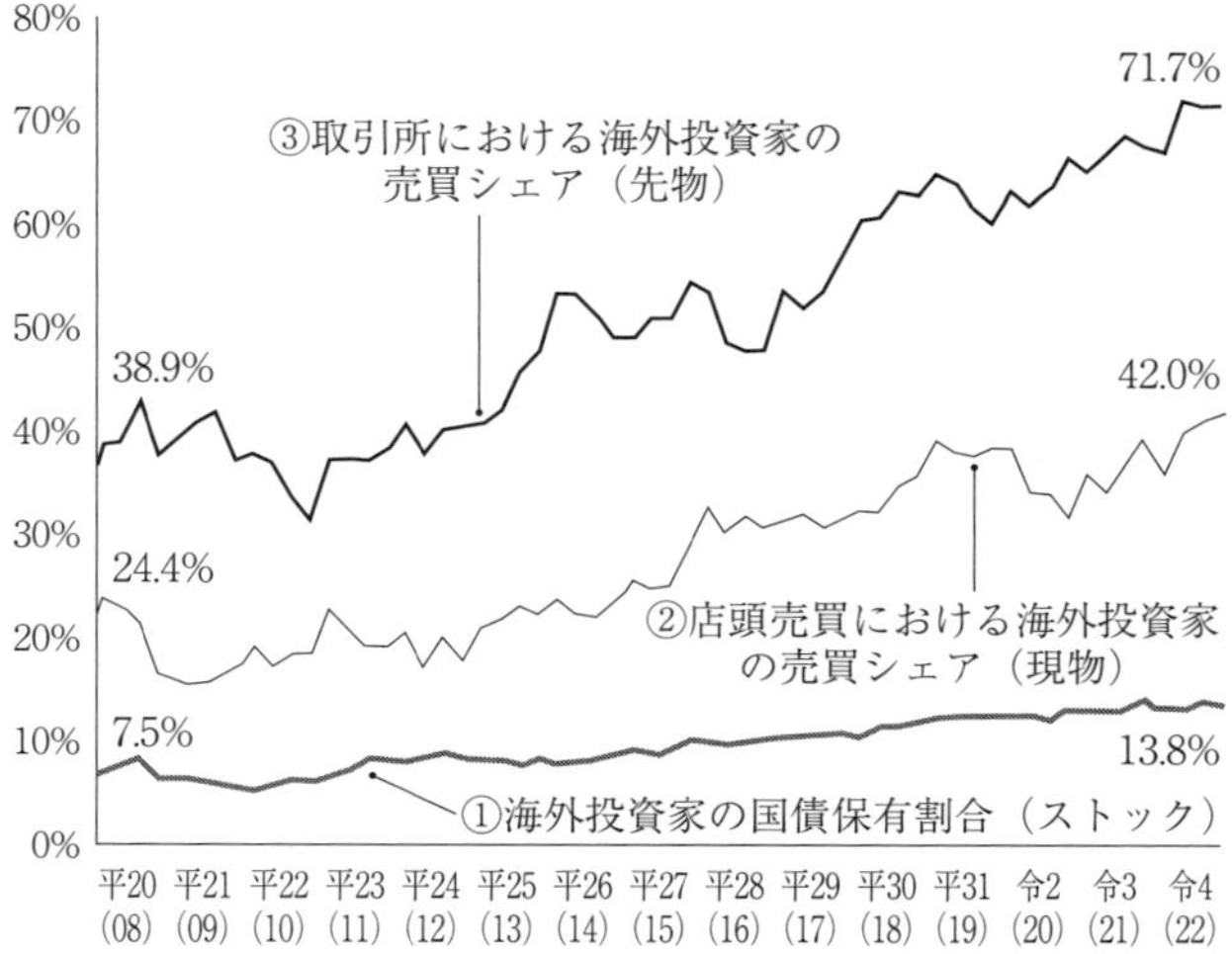

（注１）国庫短期証券（T-Bill）を含む。
（注２）②現物は債券ディーラー分を除いた係数。
（出所）日本銀行、日本証券業協会、日本取引所グループ

（出所）財務省『日本の財政関係資料』2023 年 4 月、23 ページ。

ゲイン）を狙っている。◆9 とくに国債先物市場の海外投資家のシェアは売買高の7割ほどを独占しているが、その内実は1分間に1万回に達する高頻度の短期売買で投機的利益を追求することである。海外投資家による日本国債の保有割合はまだ1割台であり、アメリカ3割、ドイツ4割、フランス5割と比較すると低い水準にある。だが、売買市場では現物市場で4割、先物市場で7割と圧倒的なシェアと影響力を持っているので、日本の国債価格・金利動向は逃げ足の速い海外投資家に左右され、不安定な乱高下を繰り返す一大投機市場になっている。

ひとことエコノミクス8　「空売り」ってなに？

空売りとは、ヘッジファンドなどの投機集団が金融機関から国債・株式・通貨などを借りて、あらかじめ売却しておき、市場価格が下落したら買い戻し、その差額を利益として獲得する取引である。通常の売買差益は市場価格が上昇しなければ発生しないが、アメリカや日本のように空売りが認められた国の市場では価格が下落しても、予測があたれば利益が発生する。ただし、予測が外れたら損失が発生する。

「相場は相場に聞け」の格言があるように、将来の価格や為替の動向を正確に予測することなどできないので、空売りは典型的なハイリスク・ハイリターンのカジノ型金融取引である。

「黒田サンタからのプレゼント」

投機集団と市場原理の圧力に押され、国債利回り（長期金利）の0・25％への低位固定化を維持できなくなった日銀は敗北し、金融政策決定会合において誘導目標の上限を0・5％に引き上げた（＝国債価格の下落）。歪んだ日本の国債利回り曲線は、いずれ本来のなだらかな曲線、つまり低すぎる長期国債の利回りは上昇（価格は下落）することになる。それを予測し、国債の空売りを仕掛けておいた投機集団は、22年12月20日の長期金利の変動幅の政策修正（0・25％から0・5％へ）に伴う「黒田ショック」で大儲けしたようである。

「黒田ショック」は、空売りを仕掛けておいた投機集団にとって、「黒田サンタからのプレゼント」[10]（英ヘッジファンド）になったわけである。空売りでいくら儲けたか、情報公開が不十分な日本では不明であるが、つい最近破綻したアメリカの二つの大手地方銀行の株価暴落の場合、空売りを仕掛けた投機集団はわずか3営業日で「22億9000万ドル（約3000億円）の利益を得た可能性がある」[11]とロイター通信社は報じている。わずか二つの民間地方銀行の株の空売りですらこれだけの儲けを得ている。まして政府の発行する国債はその規模からして莫大《ばくだい》な儲けが発生しているにちがいない。

大手投資ファンドなどの投機集団は、日本国債の空売りで儲けるため日本国債の売り越しを大規

図5-4　海外勢の売りが長期金利を押し上げている

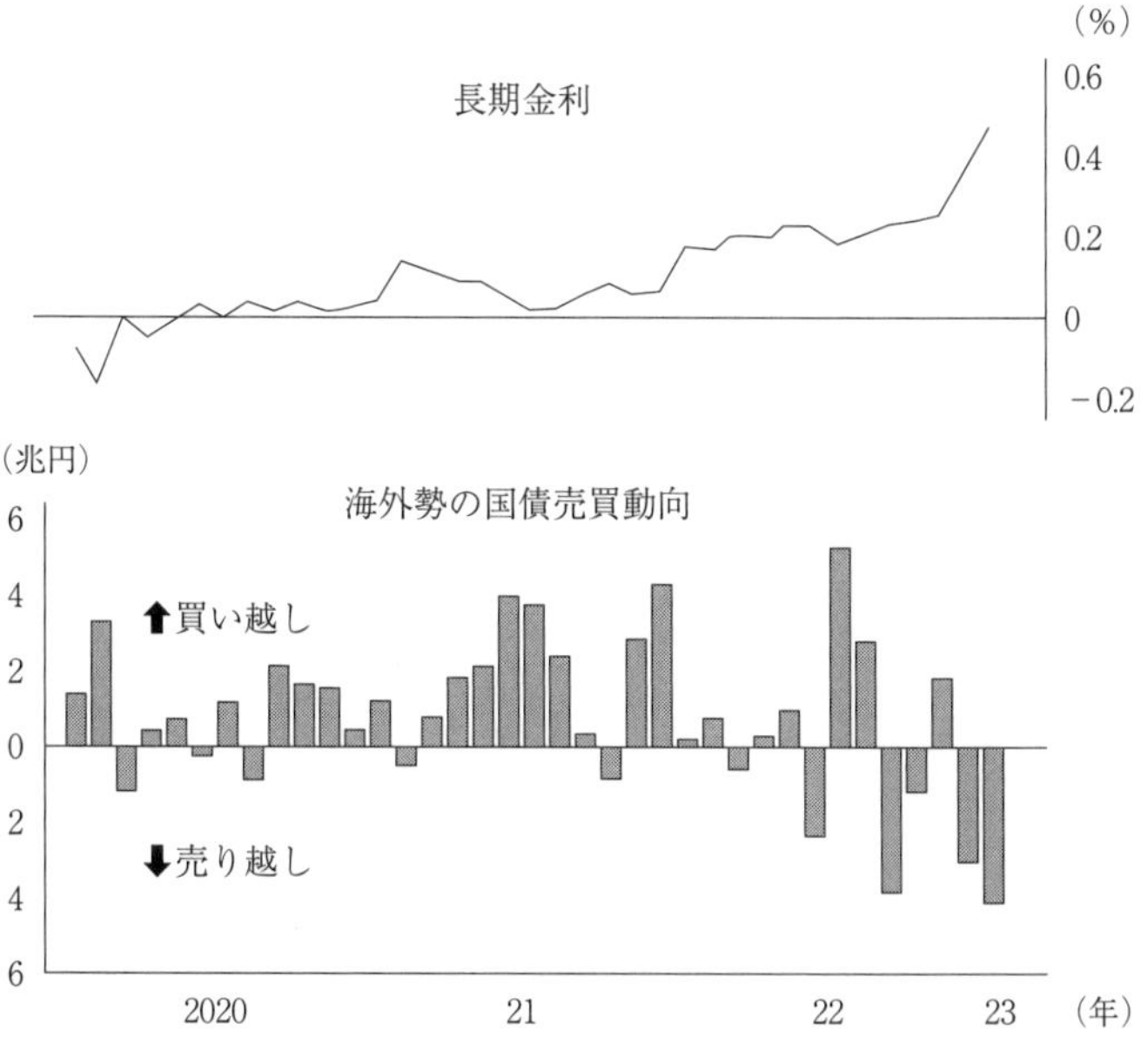

(出所) 日本経済新聞 2023 年 2 月 21 日付

模化させている。22年3―6月と9―10月には計15兆1718億円の長期国債を売り越した。それによって長期国債の価格下落＝長期金利の上昇に拍車がかかり（図5-4）、それを阻止しようとする日銀が国債を爆買いするイタチごっこの悪循環が続いている。

異次元金融緩和政策のイールドカーブ・コントロールは、ヒトとモノによって営まれる実体経済への貢献でなく、価格や金利変動を予測して莫大な儲けに賭ける寄生的・腐朽的なカジノ型金融ビジネスに貢献し、助長している。

周知のように、この半年ばかりの間、各国中央銀行はインフレを抑え

図5-5　日本と主要国の10年物指標銘柄国債の利回り格差

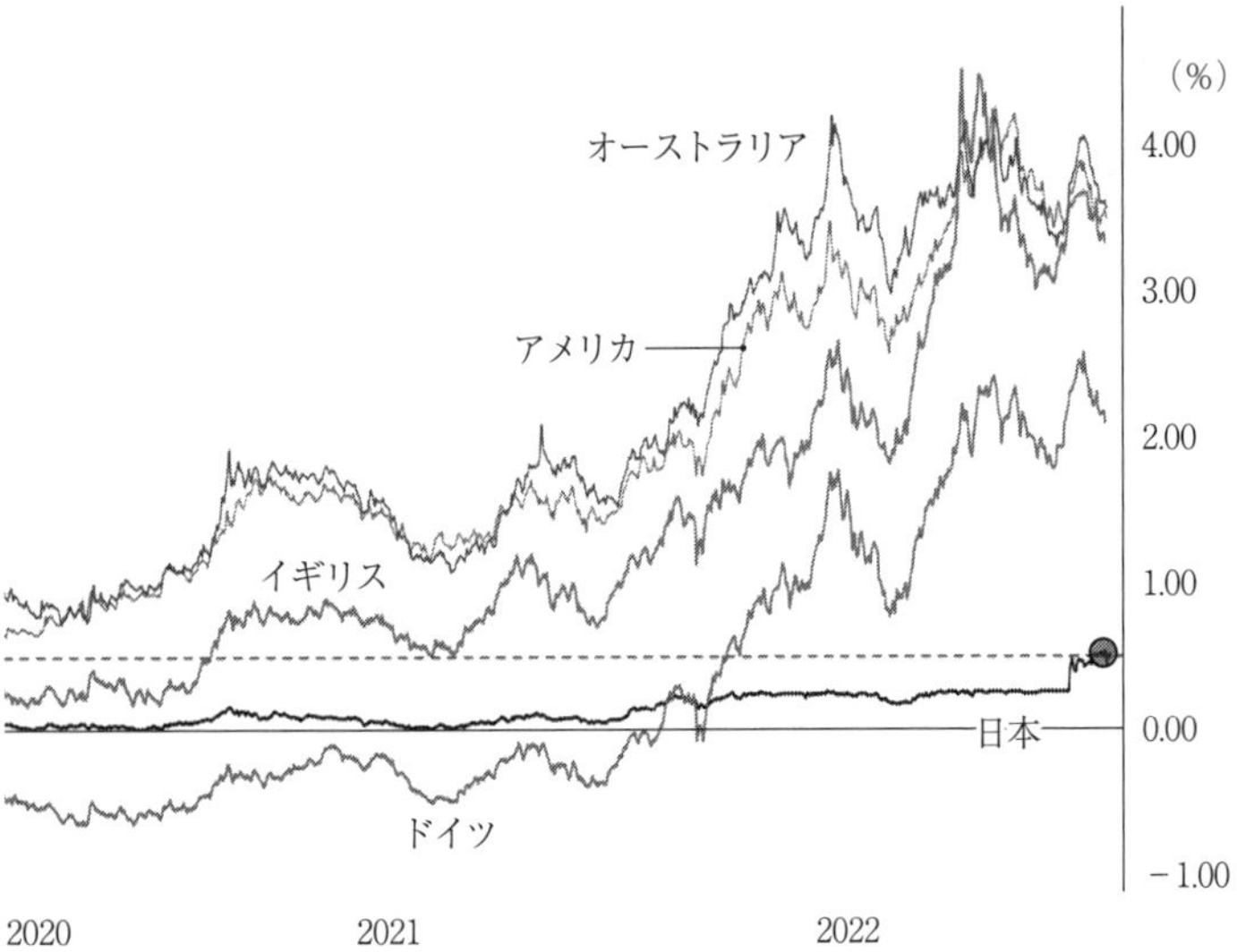

（出所）ブルームバーグ https://www.bloomberg.co.jp/news/articles/2023-01-18/ROPD54T0G1KY01

込むために一斉に連続して金利を引き上げている。だが、黒田日銀とそれを継承する植田日銀はかたくなに金利の低位固定化にしがみつき、諸外国との間での政策金利格差、国債の利回り格差（図5－5）、預貸金金利格差など、内外の金利格差を拡大させてきた。そのうえ、国内産業の空洞化や貿易赤字の拡大は、日本経済の弱体化と日本売りを誘発し、投機的な円売り環境を誘発してきた。

その結果、日本だけほぼ半世紀ぶりの円安となり、円安→輸入価格上昇→国内物価上昇→国民生活破壊の悪しきメカニズムが作動することになった。

2　日本を襲う異次元リスク

インフレに対応できない日銀と生活破壊

世界各国が40年ぶりのインフレに襲われている。その背景は、各国政府・中央銀行が、リーマン・ショック、ヨーロッパの債務危機、コロナ禍対策などで大規模な財政出動と金融緩和政策を続けてきたためである。実体経済の営みに必要とされるマネーを遥かに上回るマネーが各国中央銀行によって供給されてきた。過剰なマネーは各種商品、住宅、不動産はもちろん、株式や債券などの金融商品に買い向かい、価格を吊り上げ、金融バブルを膨張させてきた。インフレ・物価高・金融バブルを誘発する超金融緩和政策は、世界の巨大金融資本に独占的な利益を提供するカジノ型金融独占資本主義にさらにガソリンを注ぐ政策であった。

インフレ・物価高、バブル経済の暴走を抑え込むには、過剰なマネーを民間金融市場から引き揚げる金融引締政策が不可欠である。各国中央銀行は、この間連続して金利を引き上げつつ、量的金融緩和（QE）から量的引締（QT）へと金融政策を転換してきた。金融引締策は、インフレ・物価対策として国民生活には有益であるが、金融バブルを収縮させ、株価や債券価格などを暴落させ、景気を下押し、資本や富裕層には反対される政策でもある。

だが、日銀以外の各国中央銀行の政策金利は、インフレ・物価高を抑え込むため、連続して引き上げられた。22年～23年8月現在までに、アメリカの連邦準備制度理事会（FRB）は0・25%→5・50%へ、ユーロ圏の欧州中央銀行（ECB）は0%→4・50%へ、イギリスのイングランド銀行（BOE）は0・1%→5・25%へ、大幅に引き上げられてきた。日本銀行の政策金利だけは、2016年1月以来のマイナス0・1%の最低の水準に張り付けられたままである。異次元金融緩和政策に固執する日銀は、中央銀行の本来の「インフレファイター」「物価の番人」としての役割を放棄し、インフレ・物価高に対応できない無用の「中央銀行」に転落している。

最近のインフレ・物価高に直面したFRBのパウエル議長の議会証言が強調しているのは、中央銀行の本来の役割であり、以下のように証言する。「人々を悩ませているのはまさにインフレだ」、「インフレを抑制するのがわれわれの責務」、「人々のためにできる最も重要なことはインフレ抑制だ」、「インフレ、高所得者層よりも低所得者層への打撃が大きい」[12]「インフレは『社会の敵ナンバーワン』[13]」などである。イギリスBOEのベイリー総裁も「インフレを押し下げることがわれわれの絶対的な最優先課題だ[14]」との強いメッセージを送っている。

各国の金利引き上げを受け、世界の国債平均利回りは、2022年には年間で2・4%も上昇した。1985年以降最大の金利上昇であった。これによって世界の株式・債券価格は下落し、その時価総額は45兆ドル（約5900兆円）も消滅した。[15] 世界中の株式・債券保有者は巨額の含み損を抱え込んだことになる。日本だけでなく、世界の金融市場は大きな転換点を迎えている。

ブルームバーグによれば、日本は1981年以来42年ぶりの高いインフレに襲われている（図5－6）。とくに深刻なのは、食料品や公共料金の高騰である。帝国データバンクは、2022年は記録的な値上げラッシュの年であり、「価格改定品目数は、最終的に2万822品目、値上げ率平均14%[16]」という調査結果を公表している（図5－7）。食料品は生存権に関わる品目であり、これなくして生存できない。家計負担への影響は深刻で、月間で5730円、年間では6万8760円の負担が家計にのしかかる。しかも、2023年は22年の1・5倍超のペースと規模で再値上げ、初値上げが続くとのことである。（後掲図6－3、209ページ参照）

食料品やエネルギー関係価格が高騰するのは、いずれも輸入に依存する割合が高く、円相場の動向に左右されるからである。異次元金融緩和政策の10年は半世紀ぶりの円安水準を記録した。円は、2012年から2022年の期間に、1ドル＝79円から134円へ7割も暴落した。そのため1億ドルの食料品やエネルギーなどの物資の輸入に支払う日本円は、79億円から134億円へ7割も増大した。これは、輸入物価を7割押し上げたことになり、価格転嫁を通じて国内物価に波及し、国民生活はインフレ・物価高に直撃される結果になった。日銀の異次元金融緩和政策は、物価高騰を招き、日銀自身を「物価の番人」としての中央銀行の役割から転落させる結果を招いた。

この瞬間にも、インフレ高進で国民の預貯金はオイル・ショック以降48年ぶりの目減りに襲わ

図5-6　日本のインフレは42年ぶりに4％に到達

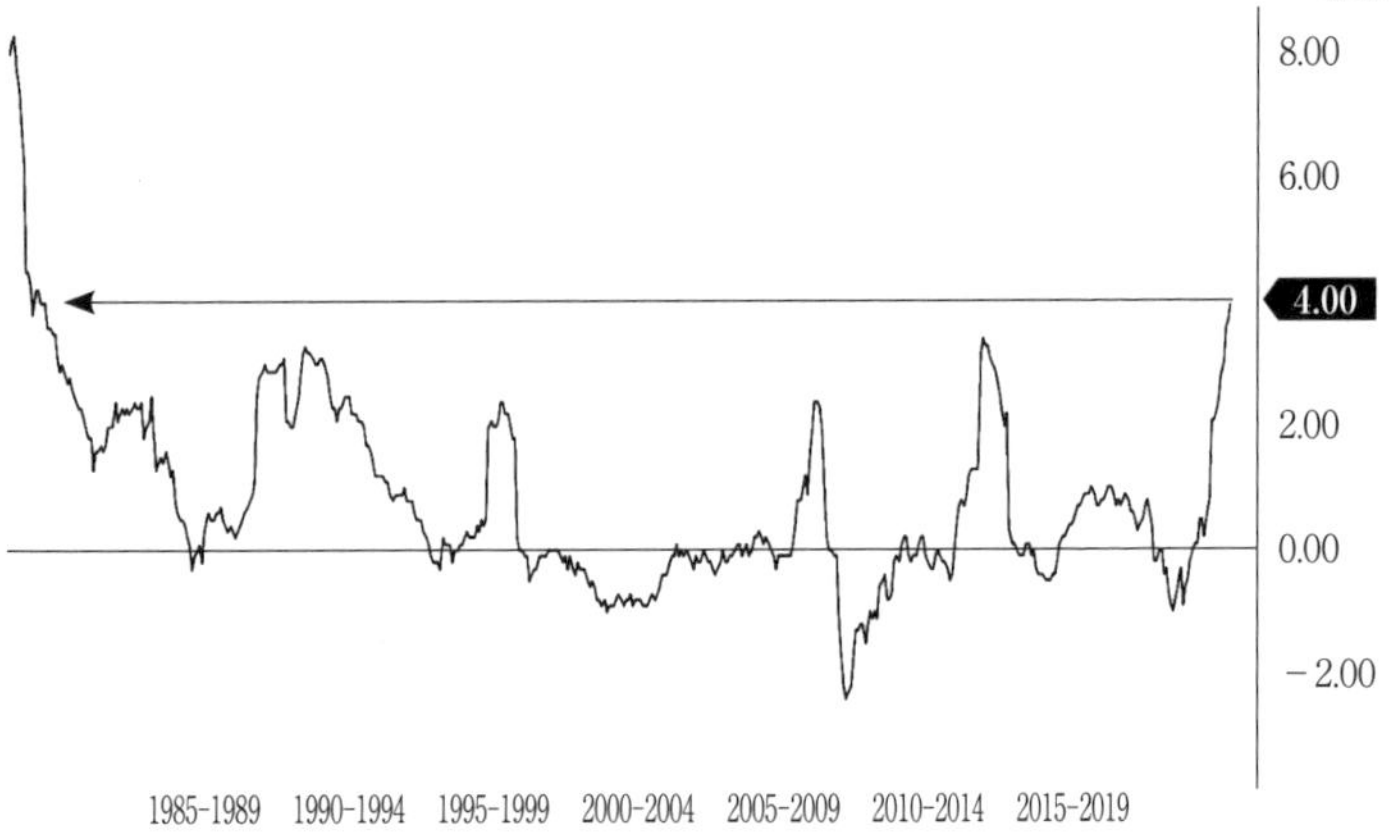

（出所）ブルームバーグ https://www.bloomberg.co.jp/news/articles/2023-01-20/ROS8KMDWLU6A01

図5-7　2022-23年の食品値上げ（12月21日時点）品目数／月別

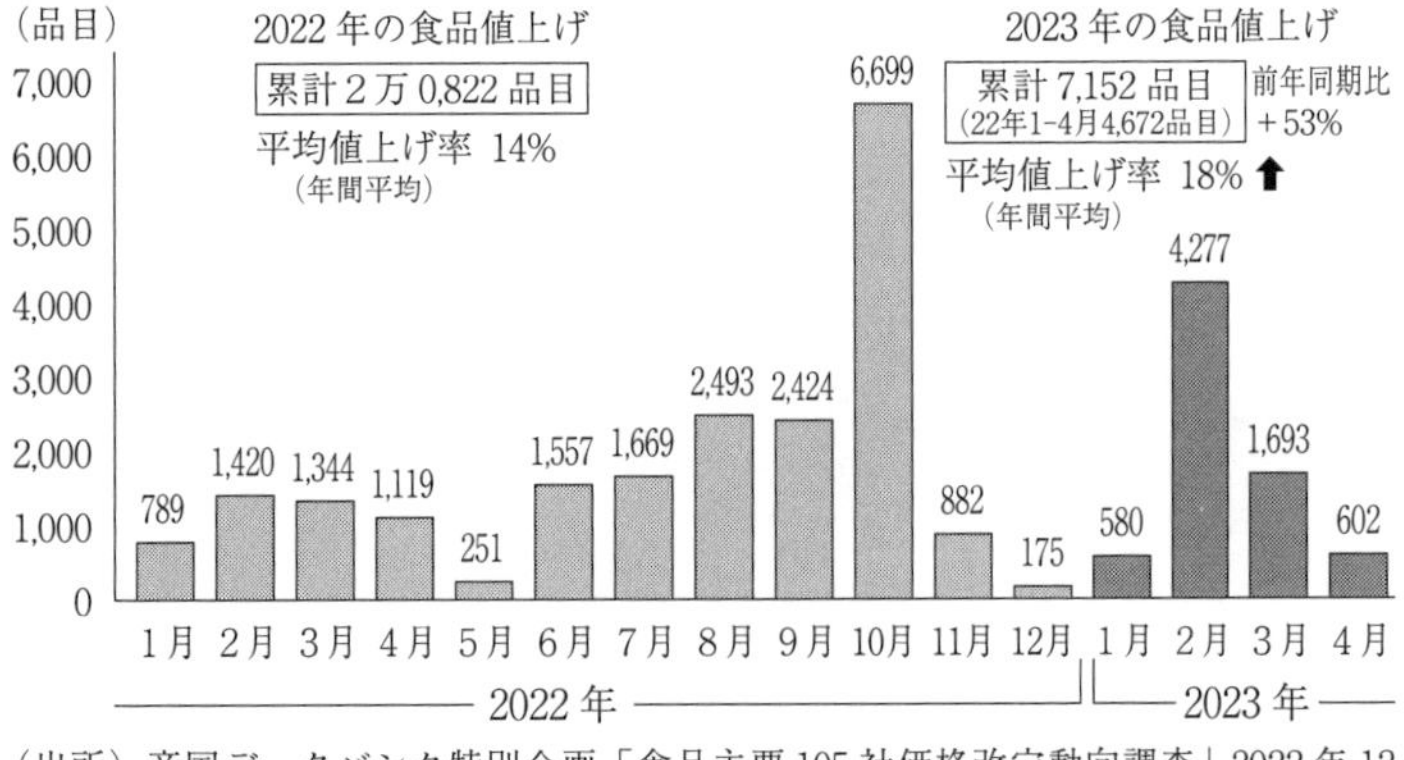

（出所）帝国データバンク特別企画「食品主要105社価格改定動向調査」2022年12月21日

図5-8　インフレによる預金の目減りは1970年代以来の規模

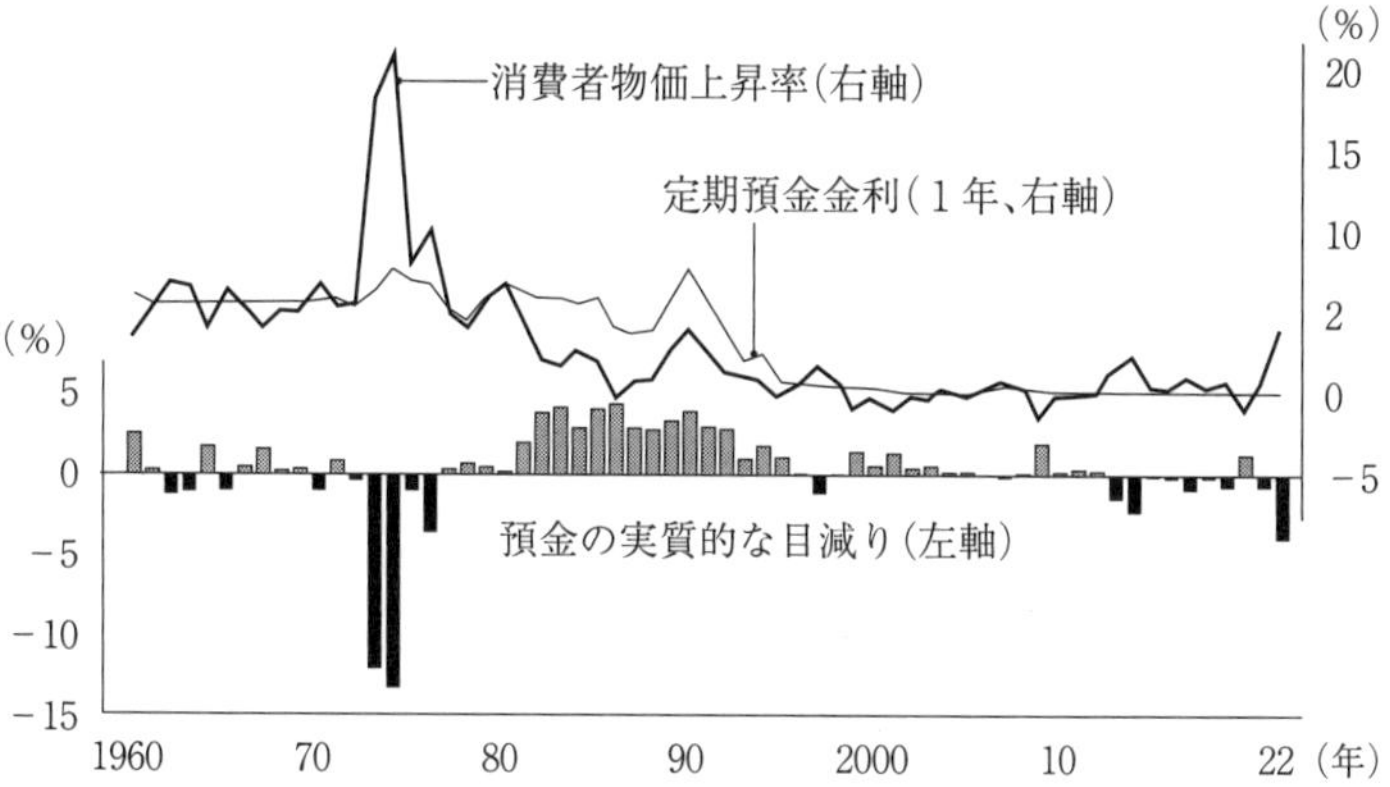

(出所) 日本経済新聞2023年3月12日付

れている(図5-8)。日本国民の最大の貯蓄先は元本保証型の預貯金であり、貯蓄全体の54・3%を占める(米国民の場合は預貯金の割合はわずか13・7%)ので、インフレは日本国民の貯蓄を直撃する。預金金利から物価上昇率を差し引いた預金の購買力は2022年にはマイナス4%を記録した。◆17 知らない間に預貯金の価値がなくなっているのである。インフレ・物価高、実質賃金の低下に加えて預貯金の購買力も低下するトリプル・パンチに日本国民は晒されている。

他方で、トヨタなど輸出業の大企業は円安の恩恵を享受している。2021年度で見ると、上場企業には1円の円安で2000億円強の為替差益が発生したので、対前年比で24円の円安になったため、約5兆円の円安差益が発生している。トヨタは8564億円の増益だったので、1円の円安で356億円の増益となった。自動車大手7社に限っても、円安の増益効果は、23年3月期で2兆1000億円に達し、営業利益合

図5-9　貿易立国から金利生活者・海外投資国家へ

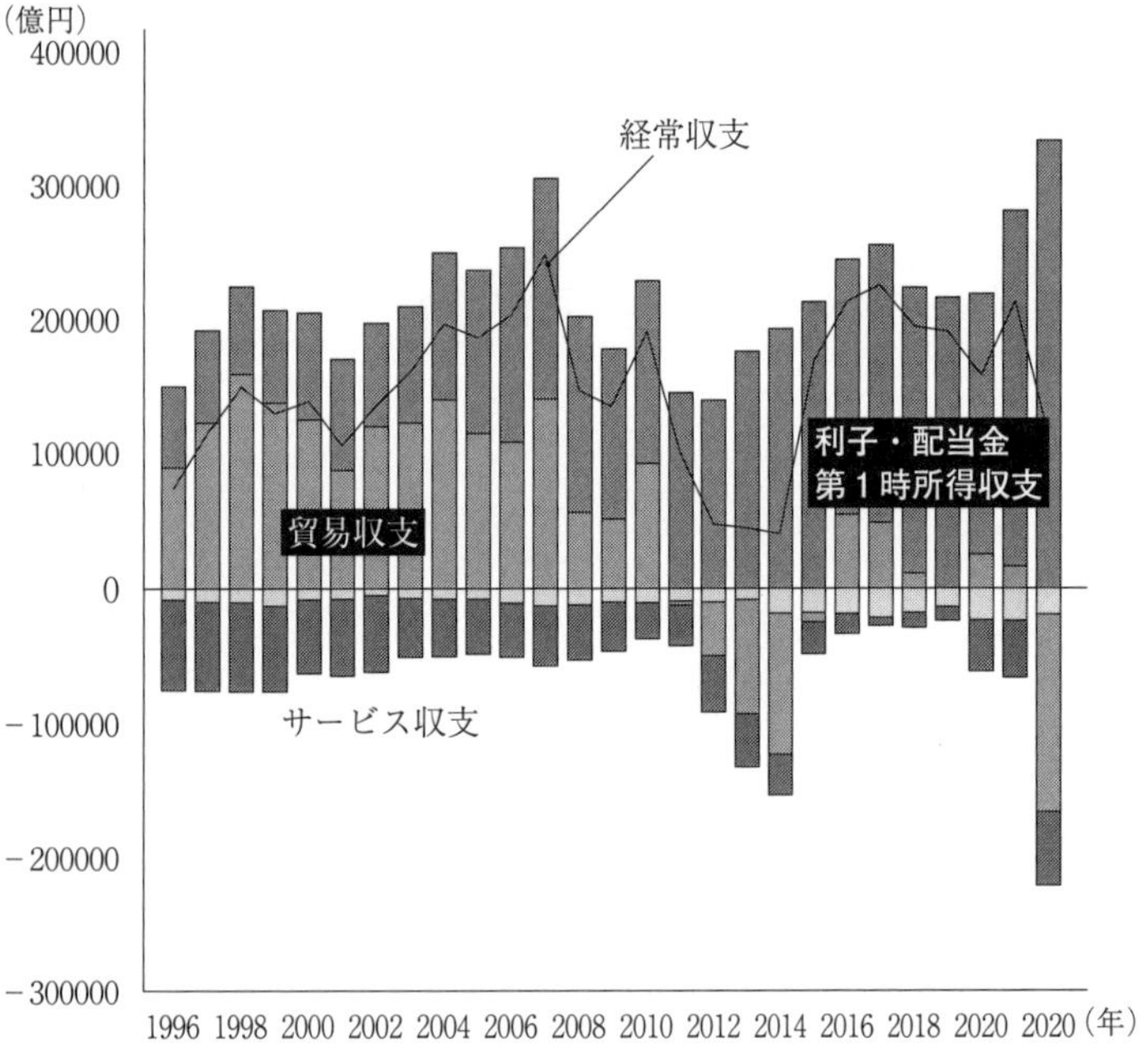

(出所) 日本銀行「時系列統計データ検索サイト」より

計の47%を占めた◆18。

大企業や富裕層などの対外投資家にとっても、海外に保有する外国債・株式などの対外金融資産からの利子収入・配当金などの第1次所得収支は、円安差益も反映し、2022年には35兆3000億円に達した◆19。ドル建て資産を円に転換し、国内に持ち込めば、莫大なドル高＝円安差益を受け取ることになる。現代日本は、かつての貿易黒字大国から貿易赤字大国に転落し、海外投資で積み上げた金融資産から利子や配当金を受け取る「金利生活者国家」に変容した(図5－9)。

日銀の債務超過・国民負担・円暴落の危機

独立性を失い「政府の子会社」として国債増発を支えてきた日本銀行の存在は、国債市場において世界に類を見ないほど大きい。イールドカーブ・コントロールに固執する日銀は、国債の爆買いを繰り返し、日本国債の最大の保有者になった。◆20 2022度末の普通国債の発行残高は1027兆円であったが、日銀はその56・5％の581兆円を保有する。

政府の一般会計は、国債発行残高の過半を保有するまでになった日銀による国債の爆買い＝日銀信用の供与によって支えられた。政府は日銀信用に依存することでほぼ無制限に国債を増発してきた。戦後の財政法（第5条）が、日銀引受による国債発行を禁じたのは、戦費調達を日銀の国債引受に依存した戦前の不幸な教訓からであった。だが、財政法第5条は空文化され、いったん民間金融機関が入札した国債も、日銀が高値で買い取るやり方で事実上の国債引受が行われてきた。

日銀の「財産目録」の「資産の部」には、日銀が民間金融機関から国債を買い入れた金額の残高が「簿価」として表示され、また「備考」欄にはそれらの国債残高の「額面価格」が表示されている。注目されるのは、「簿価」の方が「額面価格」を上回っていることである。満期に「額面価格」で償還され、日銀が政府から受け取る国債償還金よりも、国債を民間金融機関から高値で買い入れ、「簿価」として積み上がっている金額の方が大きいことである。これは、日銀が国債償還損（国債

図5-10　日銀が保有する国債の含み損益

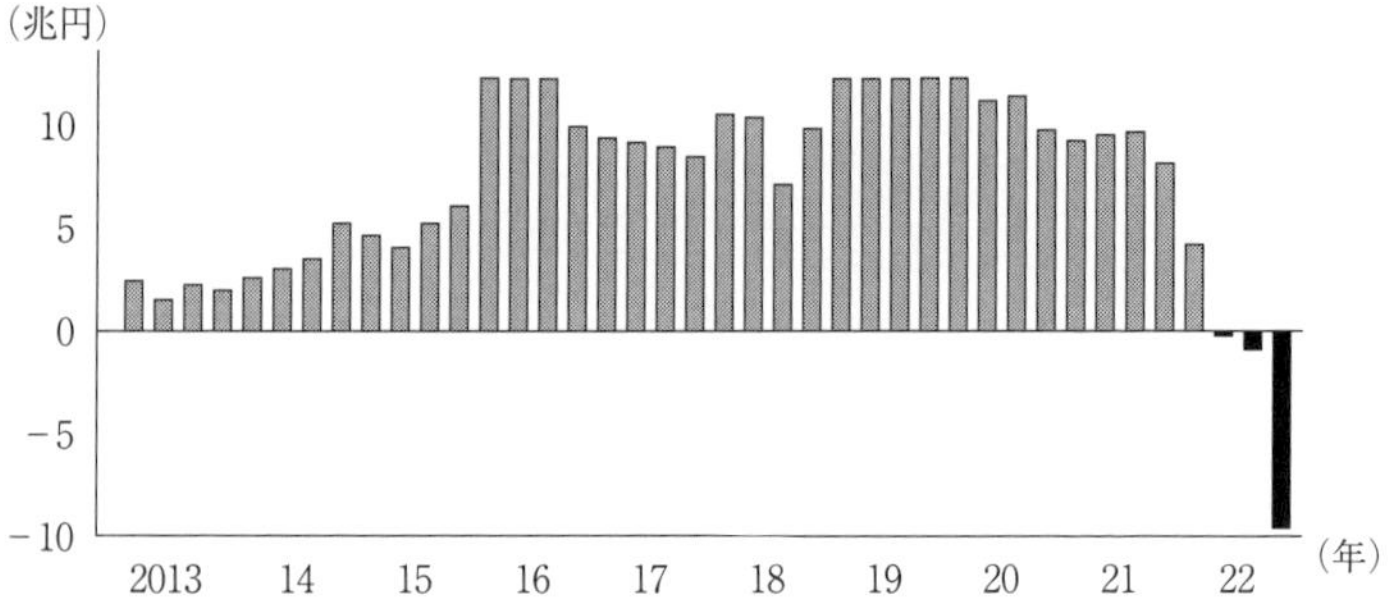

(出所) 日本経済新聞 2023 年 3 月 18 日付

の簿価マイナス額面価格)を抱え込んだことを示している。2022年度末の日銀の財産目録によれば、日銀保有の国債の簿価は581兆円だが、それらの額面価格は571兆円であり、日銀はすでに10兆円の国債償還損を抱え込んでいる。したがって、国債を日銀に売却した民間金融機関には10兆円を超える国債売却益が発生していたことになる。国債をめぐる民間金融機関と日銀との間の売買取引・日銀トレードは、市場取引という形の合法的な日銀引受であり、日銀が国債償還損を引き受けながら民間金融機関に国債売却益を提供してきた取引であった。

だが、そのような異常事態は限界を迎えた。日本経済新聞の試算によれば、◆21 日銀が保有する国債の含み損は、2022年12月末時点で9兆5081億円に達した(図5−10)。日銀保有の国債の簿価は564兆1557億円だが、その時価は554兆6476億円に下落した。この間の国債市場価格の下落のためである。もし日銀が保有国債を売却した場合、9兆5081億円の損失が発生する事態に陥った。

そもそも戦後日本の普通国債発行残高（22年3月末現在の）991兆4111億円の加重平均金利は0・78％なのに、強引なイールドカーブ・コントロール（長短金利操作）によって、国債金利を0・25〜0・5％の水準に留めておくこと自体が市場原理に反し、いつかは破綻し、国債金利の上昇＝価格下落を誘発する無理な政策であった。

発券銀行である日銀の保有する国債や株式に含み損が発生すると、通貨としての円の信用は毀損され、円安や円暴落の危機的事態を招く。日銀の説明では、日銀保有の国債は満期まで保有され、途中の売却は想定されていないので含み損が実現損として表面化することはない。でも、それは日銀内部の内々の都合のよい処理と解釈であって、内外の大手投機集団の空売りを先行させた日本国債への大規模な投機を防止することはできず、確実に投機のターゲットになる。それは、すでに2022年暮れに実証済みである。

日銀の抱え込んだ国債の含み損9兆5081億円は、日銀の純資産額（22年9月末現在）5兆365億円を2倍近く超過している。もう日銀は巨額の債務超過に陥っているのである。[22] しかも世界各国の金利引き上げ・国債利回り上昇の大波は日本国債市場を直撃している。その大波は、日銀による国債金利のイールドカーブ・コントロール（長短金利操作）を打破し、日本国債のイールドカーブを上方にシフトさせることになろう。日銀の雨宮正佳副総裁は、2022年12月2日の参院予算委員会で、日本国債のイールドカーブ全体が上方にシフトした場合の国債の含み損を問われ、1％上昇すると、含み損は28・6兆円になると答弁した。

図5-11　日銀納付金の決算増減額

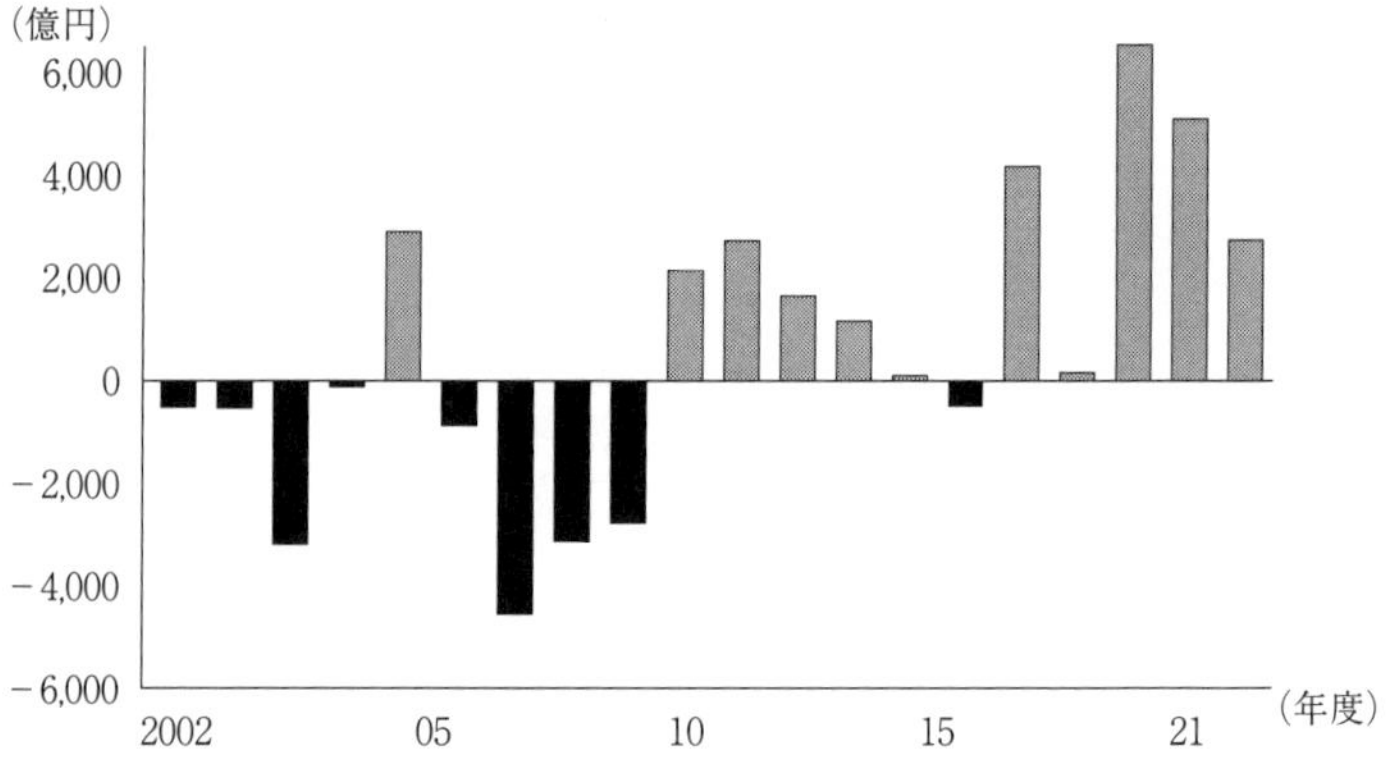

（出所）日本経済新聞 2023 年 3 月 15 日付

日銀が債務超過に陥ると、日銀の一般会計への納付金は停止される。２０２１年度の日銀納付金は、１兆２５８３億円だった。日銀納付金がなくなれば、国民負担が増大する。これまで日銀納付金が政府の剰余金を底上げしていたので、納付金が減ると政府の剰余金も縮小する（図５－１１）。

財政法は剰余金の半分を国債の元本償還に充当するよう義務付けている。日銀の納付金に支えられ、政府はこの１０年間で年平均１・４兆円の剰余金を計上してきた。政府はこの水準が続くことを前提に、２３年度以降の防衛費の財源に毎年約７０００億円を活用する計画であった。◆23 だが、この計画は頓挫《とんざ》する。防衛費に回す剰余金などなくなるので、軍拡予算を組むことは不可能になるはずだったが政府は強行した。問題なのは、日銀の納付金の縮小が、それに代わる財源として新たな国民負担を求める事態に陥ることである。

官製株式バブルで拡大した資産格差

異次元金融緩和政策の10年で大幅に上昇したのは株価であった。日経平均株価は、2012年から22年にかけ、賃金や設備投資などの肝心の実体経済（GDP）が低迷しているにもかかわらず、2・5倍も上昇した。日銀主導の官製株式バブルが発生したことになる。というのも、日銀は、他国に例を見ない中央銀行の株価対策を担ってきたからである。株式市場で株価が下落すると、日銀は株式ETF（株価連動型投資信託）を買い入れ、株式市場に日銀信用を供給し、株価を高値で維持してきた。

日経平均株価、最近ではTOPIXが前場で2％以上下落すると、後場には日銀が株式ETFを701億円買い入れるやり方で株価の下落を食い止め、株価を高値で支えてきた。2023年8月20日現在、株式市場に日銀から37兆1160億円（簿価ベース）もの資金が供給されてきた。株式市場に日銀信用が供給されることで市場実勢を超えた株高＝官製株式バブルが引き起こされた。

中央銀行が民間企業の株を買って資本を供給することは本来ありえない。仮にあったとしたら、それは大恐慌に襲われ経営破綻が広がり、政府と中央銀行が資本救済に乗り出し、国有化や資本注入といった非常事態下の例外的措置である。そのような例外的措置を日銀が平常時に実行し続けた効果は大きく、日経平均株価は2・5倍、株式時価総額も2・3倍に増大した。そのうえ、「バ

図5-12　純金融資産保有額の階層別にみた保有資産規模と世帯数

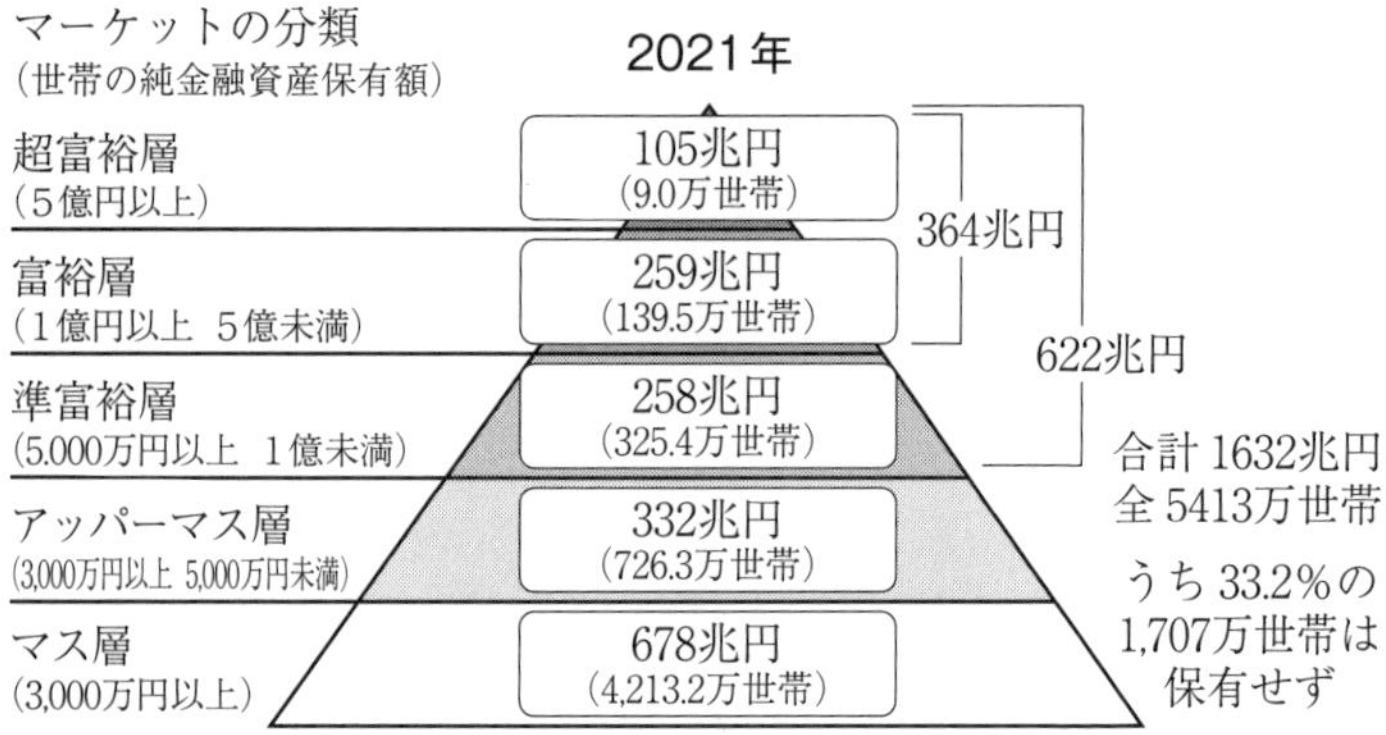

（出所）野村総合研究所「NEWS RELEASE」2023年3月1日

イ・マイ・アベノミクス」、「インベスト・イン・キシダ」と、二人の歴代首相による世界の投資家へのトップセールスがニューヨークとロンドンの証券取引所を舞台に行われた。国をあげて株式投資が推進された。

このような「貯蓄から投資」を推進する政府・日銀に支えられ、株式の配当金や大企業の内部留保金もほぼ倍増した。日銀が株を買って資本金を供給してくれるので、経営が悪化しても会社は倒産しないし、株高を利用した株式の売買差益も増大した。海外投資家・金融機関・富裕層などの株式保有層は、株価と株式時価総額の上昇に支えられ金融資産を増大させてきた。現代日本では3割の世帯が金融資産を持たないのに、純金融資産1億円以上を保有する富裕層世帯は金融資産を倍増させ、資産格差のピラミッド（図5－12）が形成された。

経団連などの財界は、「アベノミクスの推進により、力強い日本経済の復活を成し遂げた」と大歓迎したが、復活したのは大企業だけで、99％の企業経営と国民生活はむしろ悪化し、そこに現在進行中のインフレ・物価高が襲っている。

「物言えぬ大株主」日銀が抱えたリスク

株式市場に37・1兆円もの資金を供給し、「株式会社日本」の最大の「株主」になったはずの日銀だが、肝心の株主総会で発言する権限はない。通常、大株主は、株主総会で会社の経営に「物言い」、経営のあり方に大きな影響力を持っているので、日本の「大株主」になった日銀は中央銀行の立場で株式会社に公正な取引や情報公開を求め、不正を防止する大役を担ってくれるかといえば、そうではなかった。日銀は、株式会社にとって、経営方針にも株式の配当金支払いにも、まったく「物言えぬ大株主」であり、カネは出しているのに口は出せない存在である。しかも日銀は、日銀マネーの株式ETFを運用する民間の金融機関に、この10年で3000億円以上の信託報酬を提供している。

「物言えぬ大株主」日銀について、日銀マネーの株式ETFを運用する金融機関は次のように指摘している。日銀が「ETFを持つと企業の株主になるの？　結論から言うと、ETFを保有しても、ETFの組入銘柄の株主にはなりません。ETFの投資家は、投資対象の指数を通じて間接的に企業に投資をしていることにはなるのですが、直接保有していることにはならないのです。

もし株式を直接保有しているのであれば、株式の保有数に応じて議決権が得られますので、株式を多く保有する大株主ほど経営に影響を与えることが可能となります。しかし、ＥＴＦが保有する株式の議決権はＥＴＦの運用会社にあり、運用会社が議決権の指図行使を行っています」と。[24]

国債も株式も価格変動リスクのある金融商品であり、日銀信用を毀損する存在だが、日銀の保有する国債の場合は償還期間が到来したら政府によって全額償還され、日銀の財務諸表から消滅する。だが、日銀が保有する株式ＥＴＦは、日銀が株式市場で売却しない限り永遠に日銀内部にとどまる。株式市場で株式ＥＴＦを日銀が売却しようとすると、株価を下押しするので、日銀保有の株式ＥＴＦに含み損が発生する。株式ＥＴＦの価格変動リスクは日銀信用を永遠に脅かし、円暴落のリスクを抱え込む。

3　金利上昇が政府・家計・企業を襲う

国債費増大で削減される社会保障関係費

一般会計の予算配分で優先されるのは、国家に財政資金を貸してくれた国債投資家への支払いである。というのも、国家の債務不履行（デフォルト）は、その国の対外信用を地に落とし、国際社

表5－1　金利が変化した場合の国債費の増減

（単位：兆円）（　）内は「国債費」の額

金利（下記の前提から変化幅）	令和４年度（2022年度）	令和５年度（2023年度）	令和６年度（2024年度）	令和７年度（2025年度）
＋２％	+0.0 (24.3)	+1.7 (27.9)	+4.1 (31.8)	+7.5 (36.3)
＋１％	+0.0 (24.3)	+0.8 (27.0)	+2.1 (29.7)	+3.7 (32.5)
－１％	+0.0 (24.3)	▲0.8 (25.4)	▲2.0 (25.6)	▲3.3 (25.5)

（注）金利の前提は、令和４（2022）年度は予算における積算金利、令和５（2023）年度以降は市場に織り込まれた金利の将来予想を加味した金利
（出所）財務省『債務管理リポート2022』152ページ

会から排除されてしまうからである。一般会計予算の場合、国債費の支払いが最優先される。国債費を支払った残りの予算で社会保障関係費や文教関係費などの予算が組まれる。

財務省の試算（表５－１）によれば、金利が１％上昇した場合、一般会計の国債費は、２０２２年度の２４・３兆円から２３年度に２７・０兆円、２４年度２９・７兆円、２５年度３２・５兆円、と増大していく。◆25 わずか3年後であっても一般会計の国債費は８・２兆円も増大する。もし金利が２％上昇した場合なら国債費は１２兆円も増大する。

現代日本の一般会計歳出は、増大する国債費や2倍になった防衛費に食い潰され、国民の生存権を担保する社会保障関係費が削減される事態に陥っている。２３年度予算では防衛関係予算が戦後最高の伸びを記録する一方で、社会保障関係費では自然増の１５００億円が削減され、医療・介護・年金の全てが圧縮された。未来の日本の担い手を育てる文教予算も、インフレ・物価高で実質マイナスに落ち込んでいる。

進展する少子高齢化と最近のインフレ・物価高のもとで、

命と暮らしを守る社会保障関係費や国民生活関係予算は増額しなければならない時代のはずなのに、政権の財政運営は、借金の支払いと戦争を起こしかねない軍備増強に予算を振り向け、日本の国益と時代のニーズに逆行している。

家計のローン負担増大と不況の深化

長期国債利回り・長期金利の上昇を受け、すでに3メガバンクなどの住宅ローン金利は軒並み引き上げられた。三井住友銀行とみずほ銀行、三菱ＵＦＪ銀行などは、23年1月適用の住宅ローン固定金利を引き上げた。10年固定型の基準金利は三井住友銀行が前月比0・26％引き上げ3・79％、みずほ銀行は0・3％引き上げ3・5％、三菱ＵＦＪ銀行は0・18％引き上げ3・7％となる。住宅ローン金利としてはいずれも十数年ぶりの高水準に達した。◆26

金利がわずか0・3％引き上げられた場合でも、住宅ローンの負担増（3000万円10年固定の元利均等返済の場合）は、毎月の返済額で4197円、年間で5万364円、総返済額で50万3705円も増大する。住宅ローン返済額の増大は、国民の消費需要を削減するので、消費不況がさらに深刻化する。住宅ローンが支払えずに破綻する家庭が増えると深刻な社会問題となる。

また多くの中小企業は、企業経営に必要な資金調達を銀行借入に依存するので、金利上昇は借入金の返済額の増大となって経営を直撃される。それは経営危機と倒産となって経済不況を深化させていく。銀行サイドでは貸出金が返済されず不良債権となって積み上がり、金融危機を誘発する。

株式・不動産バブルの崩壊と日本発の世界金融不安・景気後退

長期金利の上昇や金利引き上げは、株式市場や不動産市場に流入し、バブル経済を膨張させていた過剰なマネーを、高金利になった国債や元本保証型の預貯金などにシフトさせるので、バブル経済の縮小、株式・不動産価格の下落を誘発する。

民間シンクタンクによれば、長期金利の上昇は株価を大幅に下落させる。「日本の長期金利が20日の0・4%から1%へと上昇する場合、他の条件が変わらなければ、日経平均で1836円、TOPIXで134ポイント、それぞれ下押し圧力がかかる」[27]と試算する。その根拠になっているのは、2022年暮れの黒田ショックであり、日銀が長期金利の許容変動幅を上下0・25%から0・5%に拡大しただけで、日経平均株価は2週間で1520円も下落し、TOPIXは67ポイント低下しているからである。

株価の下落は、一面で、大資本・富裕層の金融資産を縮小させ、戦前水準にまで拡大した資産格差を若干解消することにもなる。だが、株価下落は株式を保有する金融機関や法人企業に株式の含み損を発生させ、企業財務と経営悪化、場合によっては破綻を誘発し、経済不況を深刻化させる。

今回の「黒田ショック」は国際的な投機集団に棚からぼたもちの収益を与える一方で、世界の金融市場を震撼させた。というのも、世界最大の対外純資産大国の日本は、米国債など世界中の債券に投資しているので、日本の国内金利が上昇すれば、対外投資に向かっていたジャパンマネーが国内に還流することになるので、海外の債券価格の下落（＝金利上昇）を誘発するからである。

この点について、ブルームバーグは次のようなアナリストの指摘を紹介している。「ほぼ全ての地域で利回りがさらに上昇し、企業や消費者、政府の借り入れコストが押し上げられ、エネルギー価格高騰とサプライチェーン混乱の影響ですでに失速し始めている世界経済に大きなストレスをかけることになる。より広いレベルでみると、日銀の利回り上限の緩和は世界の超低金利時代の終わりというはるかに大きな事象を告げることになる。……」と。[28]

4　カジノ型金融独占資本主義の破綻

金融緩和政策に支えられ、バブル経済の膨張と崩壊を繰り返すアメリカなど主要資本主義諸国は、カジノ型金融独占資本主義と定義されよう。カジノ型金融独占資本主義の主要な目的と動機は、時間と空間の制限を受ける財・サービスの生産と販売よりも、情報通信革命と金融工学の最新技術を駆使し、あらゆる商品の価格や金利・為替の変動を利用し、グローバルな規模で、瞬時に、攻撃的に金融上の利益を追求することであり、金融収奪型資本主義ともいえよう。

少数の独占的な巨大金融機関や大手投資ファンドなどは、バブルの膨張と崩壊のプロセスで、巨額の売買差益を追求し、実現する。仮に、予測を誤り、投資に失敗し、自ら経営破綻の危機に陥った大手金融機関の場合、「大きすぎてつぶせない（Too big to fail）」、つまり破綻したら世界経済自体が大混乱になると主張し、各国政府から巨額の公的資金と各種の支援策を引き出してきた。

日銀が国債を爆買いする異次元金融緩和政策が採用された2013年〜22年の10年間は、円安・株高・金融資産増・物価高を引き起こし、海外の投資家・大企業・富裕層の富を増大させてきた（図5－13）。他方で、実体経済の低迷・消費税増税・政府債務と日銀資産の累増をもたらし、99％の国民にとって貧困と格差を拡大してきた。

このような問題点は、現在、差し迫る金融・財政危機となって日本を襲っている。異次元金融緩和政策・アベノミクスに象徴される現代日本資本主義とは、野蛮なカジノ型金融独占資本主義と定義できるようである。

その特徴は、①国家財政と日銀信用へのタカリの構造のもとで、社会の富・剰余価値生産を担う実体経済の成長より、金融市場において多様な金融収益を追求するカジノ型金融ビジネスが優先されることである。各国政府の増発する国債は、価値の実体を持たない架空資本だが政府に対する貨幣請求権を持ち、グローバルに売買される確定利付債券なので、利子収入や売買差益を追求するカジノ型金融ビジネスに有力な市場を提供する。株式と比較しても、国債は発行ロットが巨額である

図5-13　10年間で進んだ円安（グラフ下）と株高（グラフ上）

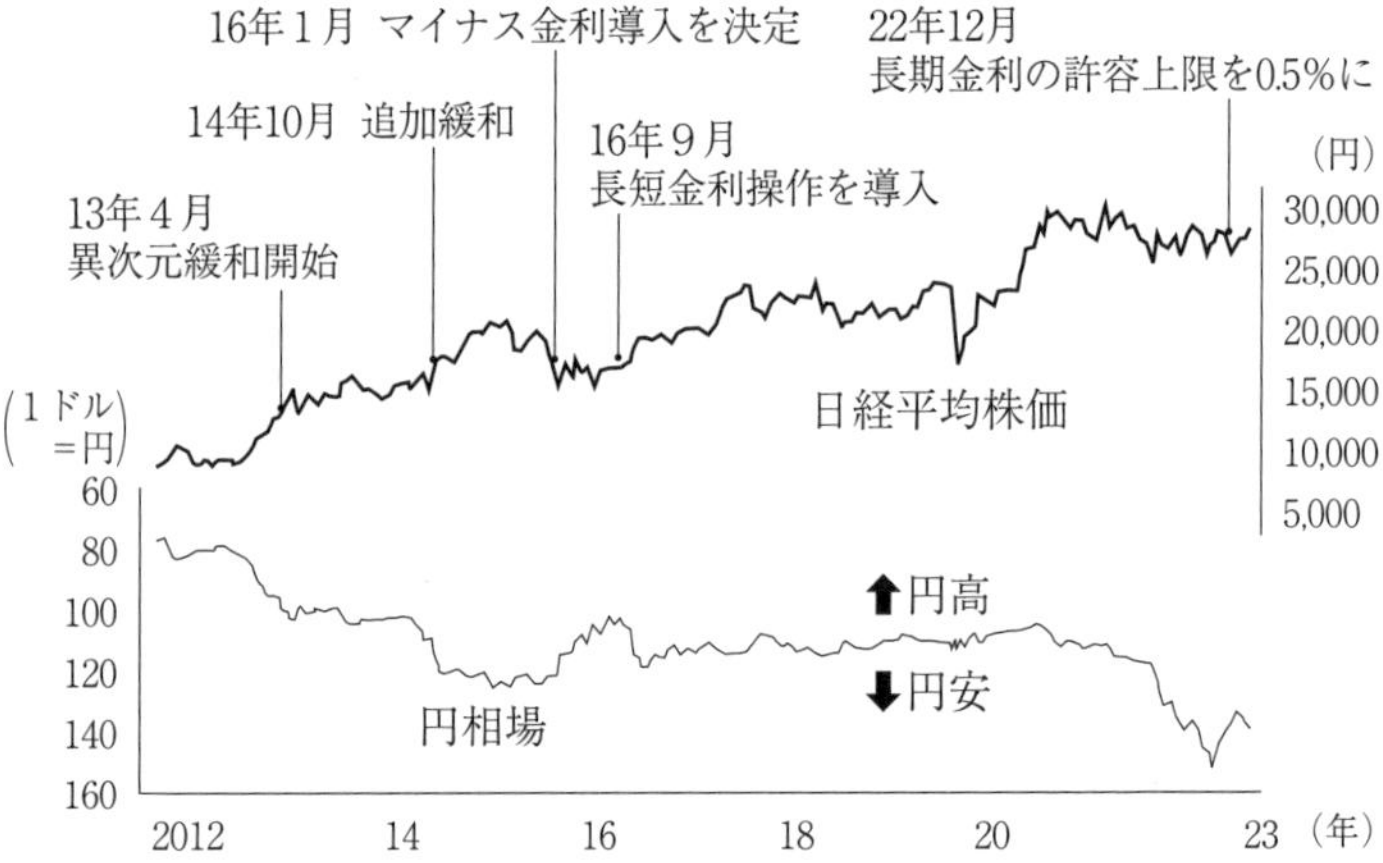

（出所）日本経済新聞 2023年3月11日付

こと、国家信用に支えられたリスクフリーの格付けであることなどから、巨額のマネーの運用に最も適合しているからである。だが、国債の増発は、マルクスが指摘しているように、[29]最終的に増税によって償われる。

②国民経済と国民生活は、株価・金利・為替相場の変動など、予測不能の経済動向に振り回され、不安定化する。これは、バブル経済の膨張と崩壊がほぼ定期的に繰り返される現代経済の特徴ともなっている。[30]しかも、バブル崩壊のたびにリスクを転嫁されるのは、国民・中小企業・個人投資家などである。その結果、金融資産や貧富の格差はますます拡大し、社会的な摩擦が高まり、不安定化していく。

③生産高・売上高が減っているにもかかわらず、賃金削減や資金の運用を通じて内部留保金を累増させていく企業経営が横行する。リスクをとったイノベーションは停滞し、既得権に固執した利益団体や

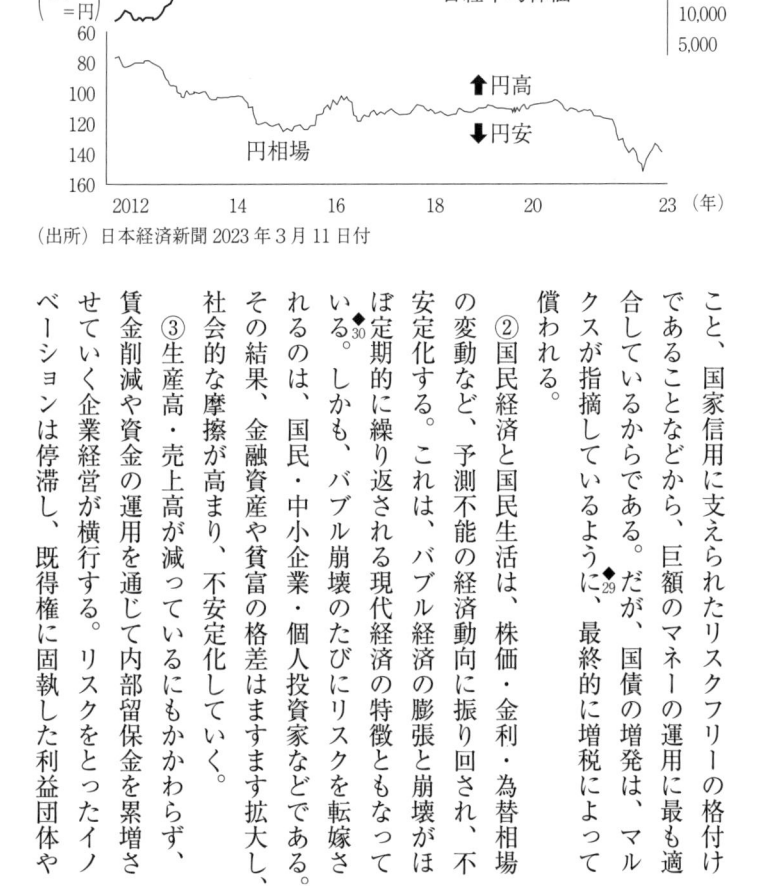

政官財癒着の構造が温存される。政官財癒着の構造は、民間銀行なのに、倒産したら世界経済を危機に巻き込みかねないとの主要国政府の判断で救済対象にされる世界で30社ほどの「大きすぎて潰せない『Too big to fail』[31]銀行を囲い込む。これらの少数の巨大金融機関によるグローバルな金融寡頭制が、世界経済の動向や各国の財政金融政策に大きな影響力を発揮し、経済の金融化[32]やバブル経済を主導する。

④情報通信技術（ＩＣＴ）などの利用による時間と空間の制限を突破したグローバルな金融ビジネスが支配的になり、「ジャパン・アズ・ナンバーワン」に象徴されるモノづくり国家日本から、株式・債券・為替などの売買取引でキャピタルゲインを追求する金融収奪型国家へ転落した。

⑤戦後の対米従属的な日米関係の中で、アメリカのウォール街と国際金融独占体が日本の大株主・経済支配者に成長し、日本の企業と国民は内外の金融独占資本から二重の金融収奪を受けるようになった。

このようなカジノ型金融独占資本主義に再編成された日本はとうとうその限界に突き当たり、今後長期にわたるであろう深刻な金融・財政危機が表面化した。カジノ型金融独占資本主義を象徴するアメリカのウォール街の2022年のボーナスは前年比で26％減少したようだが、業界全体のボーナス原資は337億ドル（約4兆5000億円）であり、ニューヨークの証券業界従業員の1人当たりボーナスは17万6700ドル（約2300万円）に達する。[33]世のため人のためになる実体経済ではなく、もっぱらマネーの運用を核心とする金融経済の担い手が金銭面で一人勝ちする経済のあり方は持続可能な経済のあり方ではない。

おわりに

異次元金融緩和政策とアベノミクスが壊したのは日本の経済、財政、金融、社会の全般にわたっている。この事態を再生するためには、総合的な対策が不可欠となる。差し当たって当面の財政金融措置としては、YCCやマイナス金利から徐々に脱出するだけでなく、日銀保有の591兆円（2023年8月）の長期国債を、たとえば日銀自身で新たに設置した「安倍・黒田特別勘定」などに移し替え、100年単位で償還したり、500兆円に達する日銀当座預金残高について、民間銀行に債権放棄を迫る、といった劇的な対策も想定されよう。財政資金調達の日銀依存から脱出するなどの道に踏み込む抜本的な対策と、これに伴うショックを軽減するためには、単純合計で1286兆円に達する金融資産（大企業内部留保金・対外純資産・富裕層資産）に「救国特別増税」とも言うべき増税を断行し、それを財源に財政ルートからのきめの細かい手当てが不可欠となる。

現在の政府債務残高の対GDP比は、軍事費調達のために日銀引受で国債が大増発された1945年の終戦時を上回る水準である。当時は、連合国軍最高司令官総司令部（GHQ）の強大な外国権力を背景に最高税率90％の財産税が断行され、日本の財政と社会は「再建」された◆34。このような抜本的な改革が現代の日本国民自身の手でできるかどうか、それが、いま、問われているようである。「新しい戦前」に逆戻りしないためにも、GHQなどによる上からの日本改造でなく、日本国民自身による内発的で民主的な日本改造ができるかどうか、それを実行する新しい政権を実現できるかどうか、が問われる時代が到来したようである。

注

◆1　アメリカの大手総合情報サービス会社ブルームバーグ（Bloomberg）は、２０２２年１２月２０日、「黒田ショック走る、日銀の緩和修正は出口に向けた市場混乱の始まりか」との記事（伊藤純夫・藤岡徹）を世界に発信した。「日銀は２０日、イールドカーブ・コントロール（長短金利操作、ＹＣＣ）政策における長期金利（１０年国債金利）の誘導水準を０％程度に維持しつつ、変動許容幅を従来の上下０・２５％程度から同０・５％程度に拡大することを決めた。不意打ちを食らった形となった市場では長期金利と円相場が急上昇し、株式相場は大きく下落した」。https://www.bloomberg.co.jp/news/articles/2022-12-20/RN6LMLT0AFB401

◆2　政策については、２０１６年9月の日本銀行「政策委員会金融政策決定会合議事要旨」を参照されたい。https://www.boj.or.jp/mopo/mpmsche_minu/minu_2016/g160921.pdf

◆3　詳しくは、池島正興『アメリカの国債管理政策――その理論と歴史』（同文舘出版、１９９８年）、日本については前掲拙著『国債管理の構造分析――国庫の資金繰りと金融・証券市場』（日本経済評論社、１９９０年）を参照されたい。

◆4　詳しくは、建部正義『なぜ異次元金融緩和は失策なのか』（新日本出版社、２０１６年）を参照されたい。

◆5　財務省主計局「我が国の財政事情（令和5年度予算政府案）」6ページ。

◆6　財務省「これからの日本のために財政を考える」。https://www.mof.go.jp/zaisei/current-situation/situation-comparison.html

◆7　財務省『令和4年版　特別会計ガイドブック』27ページ、財務省『債務管理リポート２０２３』「⑴国債整理基金特別会計の歳入・歳出」１２１ページ。

◆8　Ruth Carson, Masaki Kondo, Michael MacKenzie「3兆ドルの日銀黒田レガシーが逆回転の恐れ、世界の金融市場に衝撃も」２０２３年３月３０日。https://www.bloomberg.co.jp/news/articles/2023-03-30/RSB4R9DWLU6801

◆9　国債先物市場などの日本国債問題の解明は、代田純『日本国債の膨張と崩壊——日本の財政金融政策』（文眞堂、２０１７年）を参照されたい。

◆10　二階堂遼馬「『ヘッジファンドVS日銀』国債めぐる攻防の行方、金利上昇に期待しカラ売りに懸ける市場関係者」https://toyokeizai.net/articles/-/645502　東洋経済オンライン　２０２３年１月１７日

◆11　「空売り筋、過去3日間の米銀暴落で約２３億ドルの利益獲得か＝Ｓ３」ロイター編集、２０２３年３月１６日。https://jp.reuters.com/article/global-banks-svb-shortselling-idJPKBN2VH1BK

◆12　〔情報ＢＯＸ〕パウエル米ＦＲＢ議長の議会証言要旨　ロイター編集、２０２３年６月２１日。

https://jp.reuters.com/article/powell-frb-idJPKBN2Y7177

◆13 「【米国市況】株3日続落、ＦＲＢ議長が追加利上げ示唆―1時142円36銭」Emily Graffeo, John McCorry　２０２３年６月２２日。https://www.bloomberg.co.jp/news/articles/2023-06-21/RWM2F5DWRGG00

◆14 「英中銀が利上げ加速、予想外の０・５ポイント――政策金利５％に」Philip Aldrick　２０２３年６月２２日。https://www.bloomberg.co.jp/news/articles/2023-06-22/RWNIKGDWRGG001

◆15 日本経済新聞２０２２年１２月３１日付。

◆16 帝国データバンク特別企画：「食品主要１０５社」価格改定動向調査―２０２２年動向・２３年見通し、２０２２年１２月２１日。

◆17 日本経済新聞２０２３年３月１２日付。

◆18 日本経済新聞２０２３年３月７日付。

◆19 日本銀行時系列統計データ検索サイト。https://www.stat-search.boj.or.jp/ssi/cgi-bin/famecgi2?cgi=$graphprtwnd

◆20 なお、国庫の資金繰りのために発行される国庫短期証券（T-Bill）に限定すると、海外投資家が６４・２％を独占している。０％やマイナスの利回りを記録する国庫短期証券であっても、海外投資家にとって日本の民間金融機関にドルを貸し出し円資金を調達すると、日米金利差とプレミアム（上乗せ金利）が大きいので儲かるからである。日銀の異次元金融緩和政策は海外投資家のカジノ型金融ビジネスを助長している。

◆21　日本経済新聞２０２３年3月１８日付。

◆22　国債金利の上昇に伴う日銀の債務超過問題について、詳しくは野口悠紀雄「保有国債が含み損に、金利が上がればどうなるか」東洋経済オンライン、２０２２年１２月１１日。https://toyokeizai.net/articles/-/637685

◆23　日本経済新聞２０２３年3月１５日付。

◆24　「日銀が日本企業の大株主になっているの？」、日興アセットマネジメント、２０２０年4月２０日。https://www.nikkoam.com/products/etf/we-love-etf/kihon/kihon13

◆25　財務省『債務管理リポート２０２２』１５２ページ。

◆26　佐野七緒、伊藤小巻「3メガなど住宅ローン金利引き上げ、みずほ銀は約１１年ぶり高水準」２０２２年１２月３０日。https://www.bloomberg.co.jp/news/articles/2022-12-30/RNMJ68T1UM0W01

◆27　「焦点：金利上昇を警戒する日本株、長期1％で日経１８００円安の試算も」平田紀之、２０２３年1月２３日。https://jp.reuters.com/article/interest-ratej-jp-idJPKBN2U20BP

◆28　Ruth Carson, Nishant Kumar, Bei H「日本国債ビッグショート復活、日銀の負けに賭けるヘッジファンド」２０２２年6月２８日。https://www.bloomberg.co.jp/news/articles/2022-06-28/RE5U7YT1UM0W01,

◆29　この点についてカール・マルクスは次のように喝破している。「国債は、その年々の利子などの支払いに充当すべき国家の収入を支柱とするものであるから、近代的租税制度は国債制度の必然的な補足物になった。国債によって、政府はただちに納税者にそれと感じさせることなしに、臨時の費用を支出することができるのであるが、しかしその結果はやはり増税が必要となる。」（『資本論』新日本出版社・新書版4、1294ページ）。

◆30 山口義行編『バブル・リレー——21世紀型世界恐慌をもたらしたもの』（岩波書店、2009年）。

◆31 日本については、米田貢『現代日本の金融危機管理体制——日本型TBTF政策の検証』（中央大学出版部、2007年）を参照されたい。

◆32 現代経済の金融化問題については、高田太久吉『マルクス経済学と金融化論——金融資本主義をどう分析するか』（新日本出版社、2015年）および大槻久志『金融化の災い——みんなのための経済の話』（新日本出版社、2008年）、を参照されたい。

◆33 Jennifer Surane「ウォール街のボーナス、26%減で平均17万6700ドル（約2300万円）——2019年来の低水準」2023年3月30日。https://www.bloomberg.co.jp/news/articles/2023-03-30/RSBYO1DWLU6801

◆34 河村小百合『日本銀行 我が国に迫る危機』（講談社現代新書、2023年）は、現代と終戦直後の日本の財政金融について的確に解明している。だが、問題は、終戦直後のような一般国民に負担を強要するのではなく、現代のカジノ型金融独占資本主義のもとで大儲けし、蓄財した大資本と富裕層に応能負担の原則を適用し、日本再生の道を提示することにあろう。

第6章　脆弱経済国家になった日本と今後の展望

——脆弱性の克服とアジアの時代の選択

日本経済は半世紀ぶりの物価高に襲われている。輸入物価が高騰し、輸入に依存した食料品・日用品・ガソリンなど、生活必需品の値上がりがあいついでいる。主要国の中で長期的な経済停滞が続く日本は、物価高にも直撃されている。

そのうえ、物価が上がっているのに、賃金は伸びず、賃金水準はOECD平均を下回り、隣の韓国にも追い越された。生活は苦しくなり、生活費に占める食費の割合（エンゲル係数）は、40年ほど前に戻ってしまった。

他方で、大企業・投資家・富裕層の富は増大し続けている。大企業の内部保留（利益剰余金＋資本剰余金＋各種引当金）は毎年増え続け、22年度には511・4兆円に達した。投資家も稼ぎまくり、国内の株式配当金で毎年約30兆円、海外投資からも約20兆円の利子・配当金を受け取っている。純金融資産1億円以上を持つ富裕層世帯は、364兆円の純金融資産を保有する。

だが、全世帯の3割は、そもそも金融資産を持っていない。昔日の「1億総中流社会」は、「貧困・格差社会」に転落した。現代日本は、先の見えない、見たくない国に転落してしまった。これは、実体経済を脆弱《ぜいじゃく》化させ、円安と株高を主導してきたアベノミクスとそれを継承する政権の経済運営の結末でもある。

国内問題だけではない。アジア経済圏が、産業革命期以来、世界最大の経済圏に成長し、日本の最大の貿易相手国がアメリカから中国に交代したのに、対米従属外交に固執し、アジアの新時代に対応した展望を見失っている。

本章では、脆弱化し、崖っぷちにまで追い詰められた日本経済と生活を直撃している円安・物価高の背景を解明し、世界最大の経済圏に成長したアジア経済の時代における日本の21世紀の展望を検討する。

1　円安・物価高とアベノミクスの結末

脆弱化した日本経済と貧困・格差の拡大

異次元金融緩和政策を第1の矢とするアベノミクスが始まったのは2013年度であったが、その後の菅・岸田政権にも継承され、10年が経過した。この期間に、日本の経済社会はどのように変化したのか、それをまず事実によって検証しておこう（表6－1）。

第1に、世界経済における日本経済の地位が低下したことである。日本経済の名目GDPは、ア

表6-1　脆弱経済国家日本の経済指標

経済縮小・円安・株高・金融資産増大・賃金低迷・国民負担率上昇・貧困格差拡大・政府債務増大

	項　目	2012年（A）	2022年（B）	B/A
1	名目 GDP（兆円／ドル）	500.4/6.3	552.2/4.3（IMF 予測）	10.3％増・31.8％減
	世界経済の割合（PPP）	4.7％	3.7％（IMF 予測）	1.0 ポイント縮小
	21 世紀の名目成長率平均	OECD3.8％、中国 12.2％、アメリカ 3.8％、ドイツ 2.3％、日本 0.2％		
2	マネタリーベース	121.3 兆円（年平残）	632.4 兆円	5.2 倍
	マネーストック	816.5 兆円（年平残）	1207.9 兆円	1.4 倍
3	日米政策金利	0.1％対 0.25％	−0.1％対 4.5％	4.6％の格差
4	国内企業物価指数	97.6	119.5	2020＝100　1.2 倍
5	円・ドル相場	79.7 円（年平均）	131.4 円（年平均）	51.7 円の円安
	円実質実効為替相場指数	19.5	77.6	約 6 割の円安
6	日経平均株価	10,395 円	26,094 円（年平均）	2.6 倍
7	株式時価総額	300.7 兆円	705.4 兆円（年末）	2.3 倍
8	大企業内部留保金	333.5 兆円	511.4 兆円	1.5 倍

9	全産業株式配当金	17.3 兆円	38.1 兆円（３月末）	2.2 倍
10	経常利益	48.4 兆円	107.7 兆円	2.2 倍
11	対外純金融資産	296.3 兆円	411.2 兆円	1.4 倍
12	富裕層純金融資産	188 兆円（2011 年）	364 兆円（2021 年）	1.9 倍（176 兆円増）
13	国民負担率	39.8%	47.5%	8.2 ポイント増
14	エンゲル係数	23.50%	27.20%	3.7 ポイント増
15	日本実質賃金（ドル）	38,058	41,509	1.09 倍
	韓国実質賃金（ドル）	36,082	48,922	1.35 倍
	OECD 平均賃金（ドル）	45,698	53,416	1.16 倍
16	政府債務総額	1131 兆円	1454 兆円	1.2 倍（OECDでトップ）
17	日銀の国債保有高	105 兆円	564 兆円	5.3 倍増
18	日銀の国債償還損	約 1.1 兆円	約 9.7 兆円	8.6 兆円も増大

（資料）日本銀行『金融経済統計月報』各号、『全国銀行財務諸表』各号、『法人企業統計』各号、日銀 HP、財務省 HP、JPXHP、野村総合研究所 HP、OECD: Economic Outlook、IMF: World Economic Outlook Database、などより作成
（注）円の実質実効為替相場は、2022 年＝100 とした指数で、年平均。各国の実質賃金は、2022 年実質価格購買力平価で、米ドル表示

ベノミクス前年の2012年には世界経済の6・3%を占めていたが、2022年には4・3%にまで低下した。アベノミクスの「成長戦略」とは、事実経過を追うと、むしろ日本経済の「衰退戦略」だった、といえるであろう。為替相場やインフレの影響を除外した購買力平価（PPP）で比較しても、同期間の日本経済の地位は、4・7%から3・7%に低下し、各国GDPのランキングでも、1位中国30・2兆ドル、2位アメリカ25・4兆ドル、3位インド11・8兆ドル、4位日本6・1兆ドル、5位ドイツ5・3兆ドルの順で、日本は第4位に低下している。◆1

第2に、アベノミクスは株価や株式時価総額を倍増させ、株式を保有する企業・投資家・富裕層の資産を倍増させたことである。ほぼ3割の世帯が金融資産を保有しない日本社会で、アベノミクスは「持つ者」と「持たざる者」との資産格差を拡大した。しかも、消費税率を短期間に5%から8%、さらに10%へと2回も引き上げ、国民所得に対する税・社会保障の負担率（国民負担率）は、39・8%から47・5%へ跳ね上げた。国民負担率には企業の社会保障負担も含まれているが、企業の場合はこの間の法人税減税（25・5%から23・2%へ引き下げ）や賃金カットで社会保障負担を相殺できた。人口の3割を占める3627万人の65歳以上の高齢者の介護保険料（月額・全国平均）は、2013~2020年度にかけ4972円から6771円へ増加している。個人や家計の貧富の差はますます拡大し、国民の生活水準が押し下げられ、エンゲル係数も40年前の水準に戻り、貧困化が進んだ。どうにもならずに「反貧困ネットワーク」に駆け込んでくる人の中には所持金が500円に満たず、すべて1円と5円玉といった窮状に、政府はどれだけ目を向けているのであろうか。

第3に、大資本の自由と利益を最優先する新自由主義のアベノミクスは、国内での設備投資や賃金の支払いを渋る企業経営のあり方を放置してきた。大企業は内部留保金を1・5倍に増やし51兆円を抱え込んだ。株式配当金の支払いは38・1兆円となり、2・2倍に増えた。他方で、日本の実質賃金（4万1509ドル）は、韓国の賃金（4万8922ドル）にも追い抜かれ、OECDの平均賃金（5万3416ドル）からさらに引き離された。

第4に、アベノミクスのもとで累増した政府債務（国債発行残高）は、日本を世界トップクラスの「政府債務大国」に転落させた。自国のGDPの2・6倍もの政府債務は、戦後の代表的な政府債務国のイタリアや近年2回の財政破綻《はたん》に見舞われたギリシアより深刻といえる。巨額の政府債務の償還は、安定財源と見做《みな》される消費税の税率アップへの恒常的な圧力として作用し、アベノミクスの下で5%から10%に倍増した。にもかかわらず法人税は減税されている。国民生活に目を向けない「企業国家」日本の面目躍如である。

アベノミクスの結末は、大企業の利益剰余金や株式配当金を倍増させる一方で、実体経済の衰退と脆弱化、賃金の停滞、貧困格差の拡大、累増する政府債務、2度の消費税率の引き上げと国民負担率の上昇など、日本の国民経済と生活にとって深刻な事態を招いてしまった。

このように脆弱化した現下の日本経済に襲いかかっているのが、円安と物価高である。

世界を席巻するインフレ・物価高

インフレ・物価高が世界を席巻している。IMFは22年のインフレ率は先進国・地域で5・7%、新興・発展途上国で8・7%と予測した。◆[2] 欧米の消費者物価は従来1~2%台で推移してきたが、22年3月に入ると、じつに40年ぶりに7~8%台に上昇した。日本の主要な食料品も7%台に上昇するといった物価高は、世界中で広がっているインフレ・物価高の大波の影響下にあり、それが半世紀ぶりの円安によって増幅された。

インフレ・物価高は、最終消費者の国民には高負担と生活苦・賃金や貯蓄の目減りを強いる。だが、大量の商品を生産・販売し、商品の価格決定に支配的な影響力を持つ大企業には独占的な超過利潤をもたらし、利益を増やす。岸田首相は、出演したテレビ番組で「円安は輸出や海外に資産を持つ企業にはプラス」◆[3]、と発言している。岸田首相の目線は国民生活でなく大企業や資産家に向けられていることがわかる。

最近の米国の調査では、物価が本来の水準よりも8%ほど高く、標準的な世帯は毎月300ドル(約3・5万円)の負担を強いられている。これによってアメリカの独占的大企業は、全世帯の1年分に換算すると、年間で約6000億ドル(約70兆円)の超過利潤を獲得している、との推計値が発表された。◆[4] しかも膨らんだ利益は実体経済を充実させるための設備投資に向かうより、株価を吊り上げるための自社株買いや株主への配当金の増額に回されている。従業員・顧客・取引相手など、会社全体のステークホルダーの利益より、株主やストックオプションを大量に保有する経営者の利益を優先する傾向は、アメリカだけでなく新自由主義の国々や日本に共通する傾向である。

昨今の世界的なインフレ・物価高の背景は、次のようである。

第1の背景は、世界金融恐慌のリーマン・ショック（２００８年）、さらに新型コロナウイルスのパンデミック（２０１９～２３年）に直面した各国政府と中央銀行が採用した大規模な財政金融政策である。不況対策や生活支援のための大規模財政出動は必要な対策である。だが、各国の中央銀行が、世界経済の成長をはるかに上回る大規模の資金供給に踏み出したため、実体経済に必要とされる通貨量を超えた過剰な通貨が流通し、通貨価値の下落と商品価格の全般的な上昇＝インフレーションが発生したからである。

世界経済（ＧＤＰ）の伸びは、リーマン・ショック前年の２００７年から２０２１年にかけて１・６倍であった。だが、各国中央銀行、とくに国際取引に使用される基軸通貨ドルの供給元であるアメリカＦＲＢの資産は９・８倍に膨張している。日銀や欧州中央銀行の資産も約６倍に膨張した。（図６－１）中央銀行によって供給された資金（マネタリーベース）は民間金融機関の貸出原資となり、その何倍もの資金が企業・家計・投資家などに貸し出される。膨張したマネーは、グローバル経済下で世界中の各種商品、株式などの金融商品、不動産などに流入し、各国でインフレやバブルを引き起こした。とくに世界の株価動向は、主要国中央銀行のバランスシート（資産残高）の

図6-1　主要国中央銀行のバランスシートと株価の推移

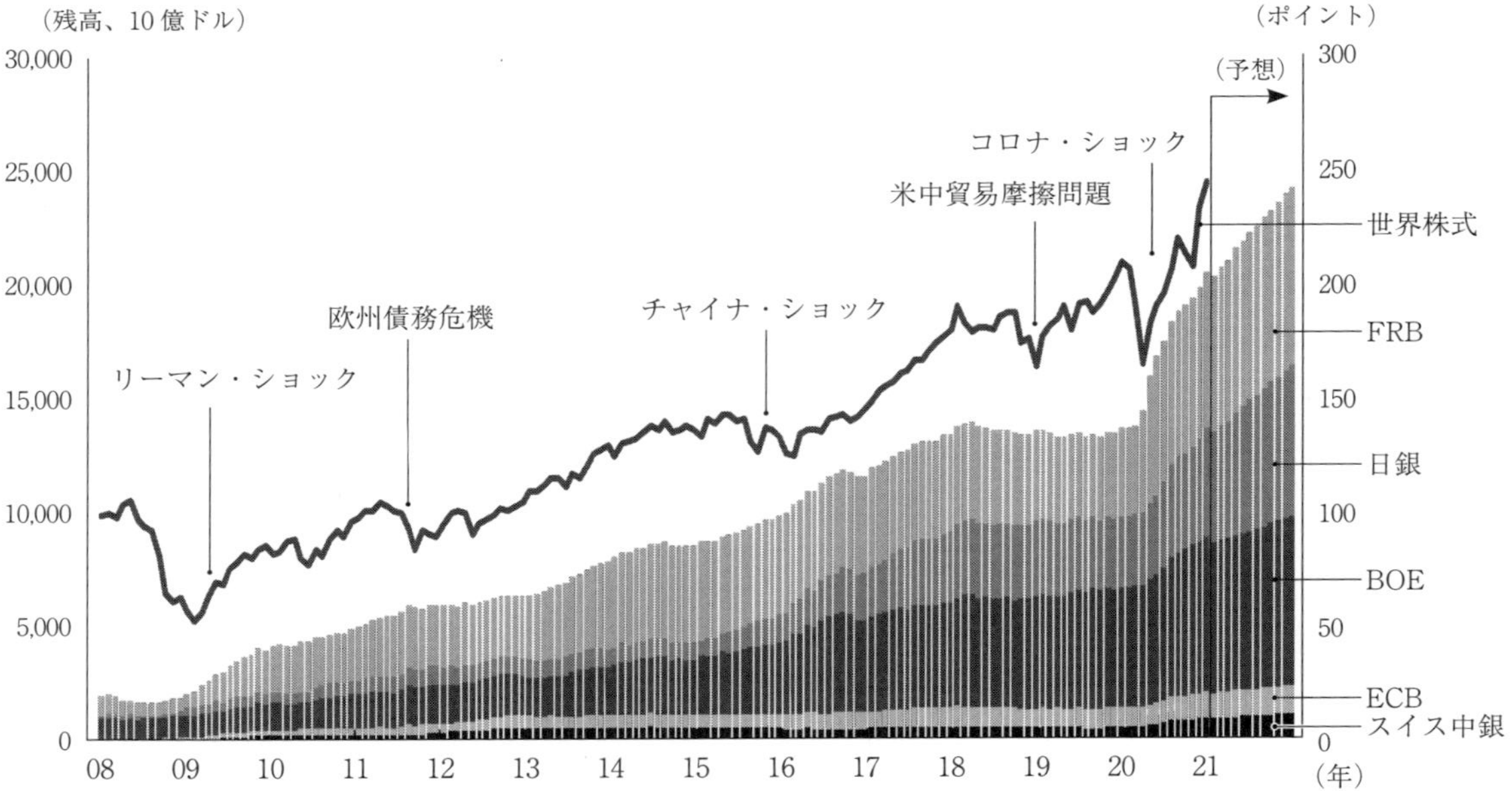

（注）右軸のポイントは、2008年1月=100
（出所）三井住友DSアセットマネジメント、2021年1月18日、情報提供資料 https://www.smd-am.co.jp/market/daily/keyword/2021/01/key210118gl.pdf

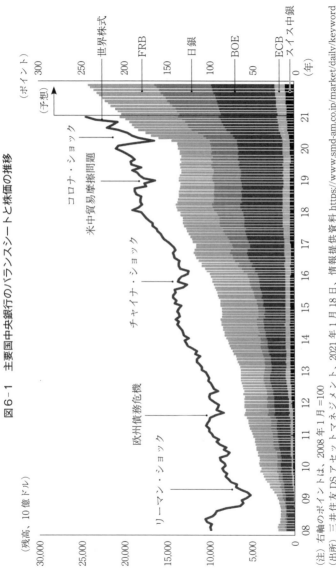

膨張に対応しながら、経済成長を上回って上昇した。

第2の背景は、ロックダウンによるグローバルなサプライチェーンの切断で、世界総生産が低迷し、供給減になったこと、ロシア・ウクライナ戦争が資源・原材料の供給減をもたらしたことである。これは通貨価値の下落によって発生するインフレと区別される需給ギャップから発生する物価高である。

22年4月のIMFの世界経済見通し（WEO）によると、[5] 22年の世界総生産の成長率は4・4％から3・6％へ大幅に落ち込む。21年の成長率は6・1％だったので、世界総生産は対前年比で2・5％も大幅に低下する。生産は縮小し供給が減っているのに、各国の財政支出、とくに中央銀行の資金供給量は激増し、企業や家計の需要増を強力に支えているので、世界各国のインフレ・物価高は勢いを増し、各国の国民生活は、消費者物価の高騰に直撃されている。

日本を襲う円安・物価高

欧米に劣らず、深刻な物価高に襲われているのが日本である。半世紀ぶりの水準の円安が輸入物価を大幅に押し上げ、それが国内物価に波及しているからである。円・ドルのスポットレートだけでなく、各国通貨に対する円の購買力の水準を示す実質実効為替レート指数で見ても、半世紀ぶりの円安を記録している（図6－2）。2023年6月現在の実質実効為替レート指数は74・31

図6-2　円の実質実効為替レート指数の推移――半世紀ぶりの円安水準へ突入

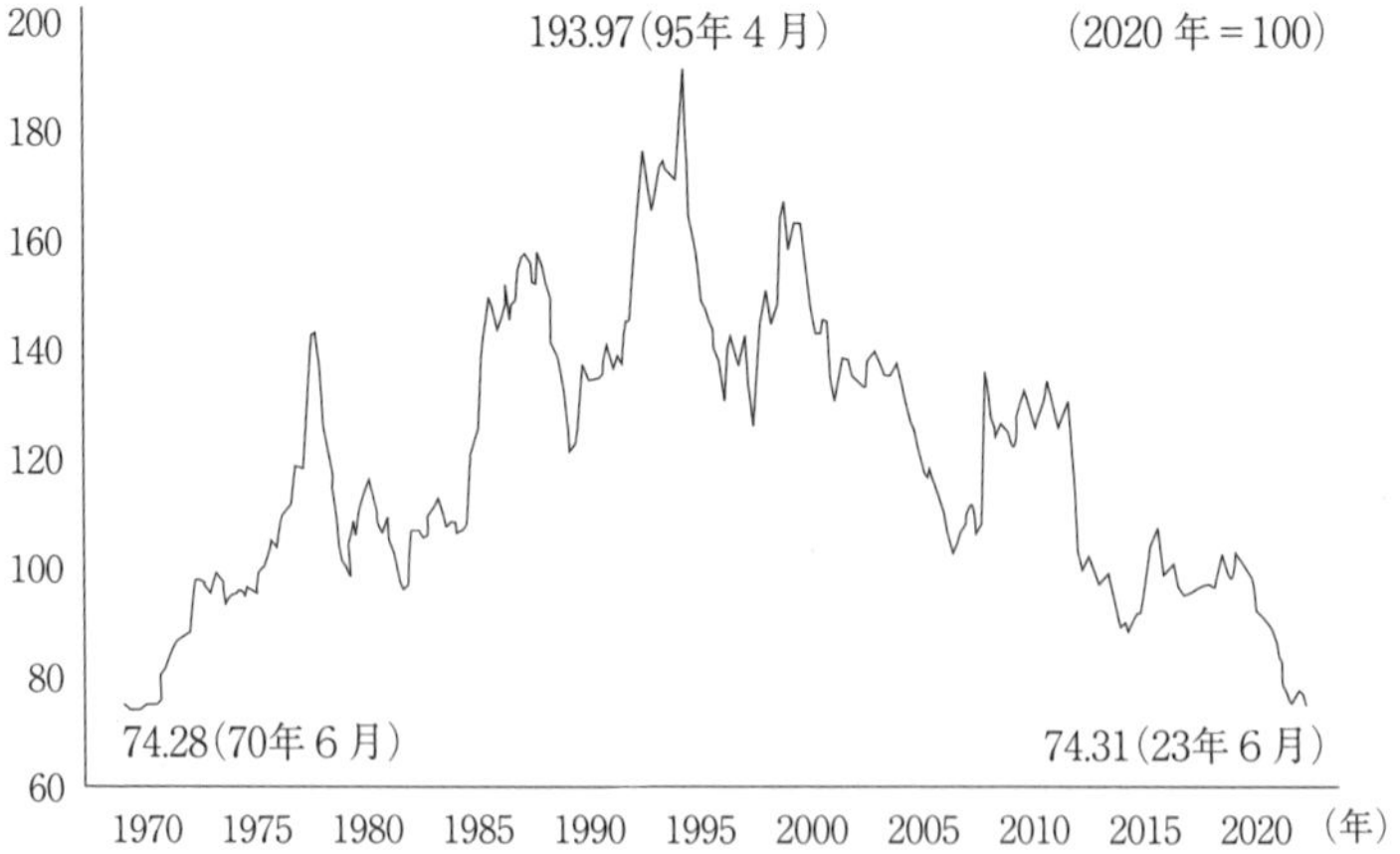

（出所）日銀時系列統計データサイト https://www.stat-search.boj.or.jp/ssi/cgi-bin/famecgi2?cgi=$graphprtwnd

であるが、この水準に匹敵するのは53年前の1970年6月の74・28だからである。

このような円の暴落を加速したのはアベノミクスと現在に至る異次元金融緩和政策である。実質実効為替レート指数は、安倍政権が成立した2012年12月の119・56から直近の2023年6月の74・31へ、約6割も暴落したからである。円の最高値は1995年4月の193・97だったので、円は、脆弱経済国家日本を象徴するかのように、この28年間でピーク時から2・6分の1暴落し、日本円崩壊ともいえる事態が進展している。

円暴落が直撃するのは、自給率が低く、多くを輸入に依存する石油、天然ガスなどのエネルギー価格、鉱物資源や原材料価格、様々な食料価格である（図6－3）。エネルギー価格の高騰は電気代・ガス代など公共料金の値上げを誘

図6-3　円暴落により価格が上昇

2023年の食品値上げ（7月31日9時時点）品目数／月別

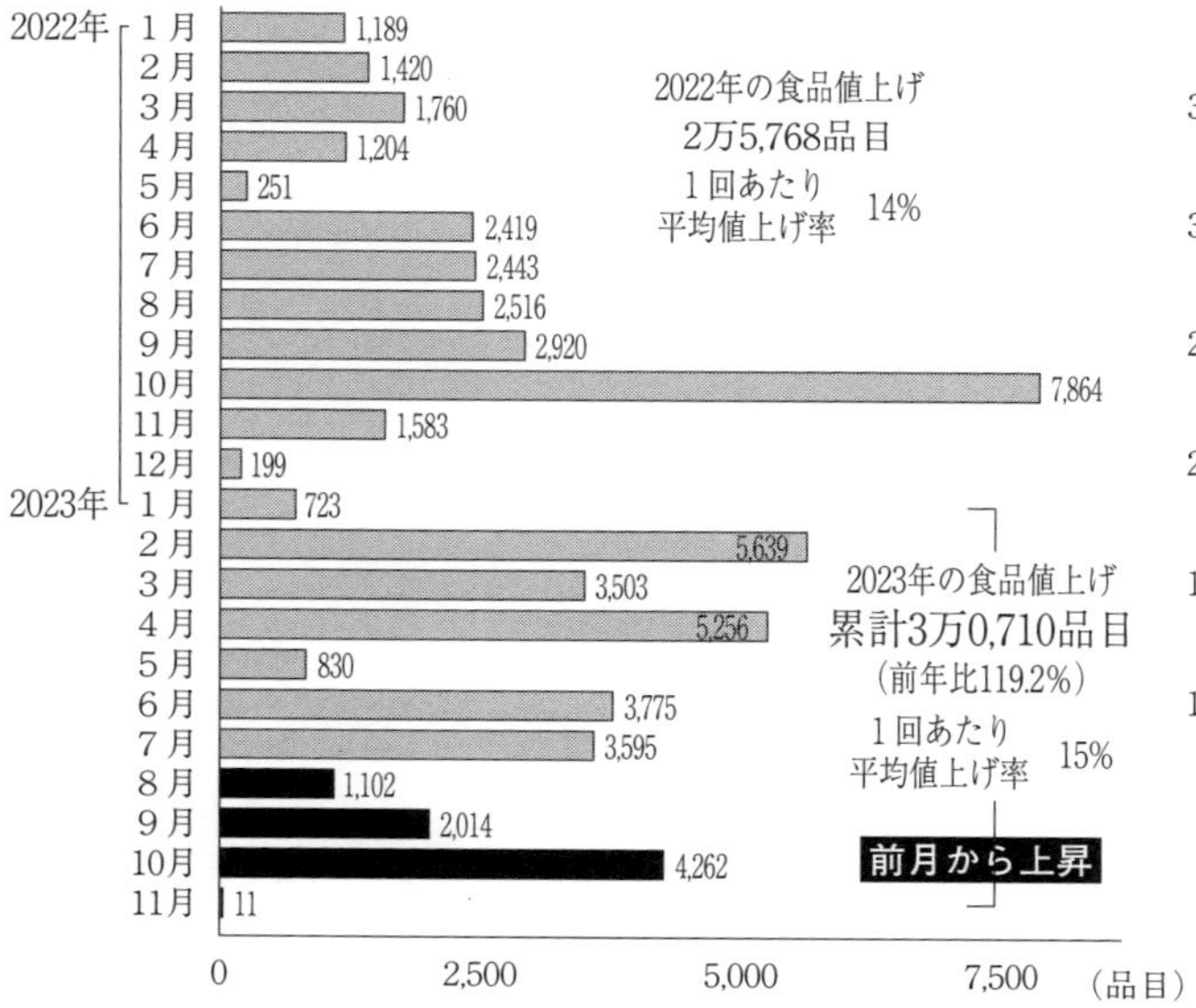

実施ベースでの値上げ品目数動向

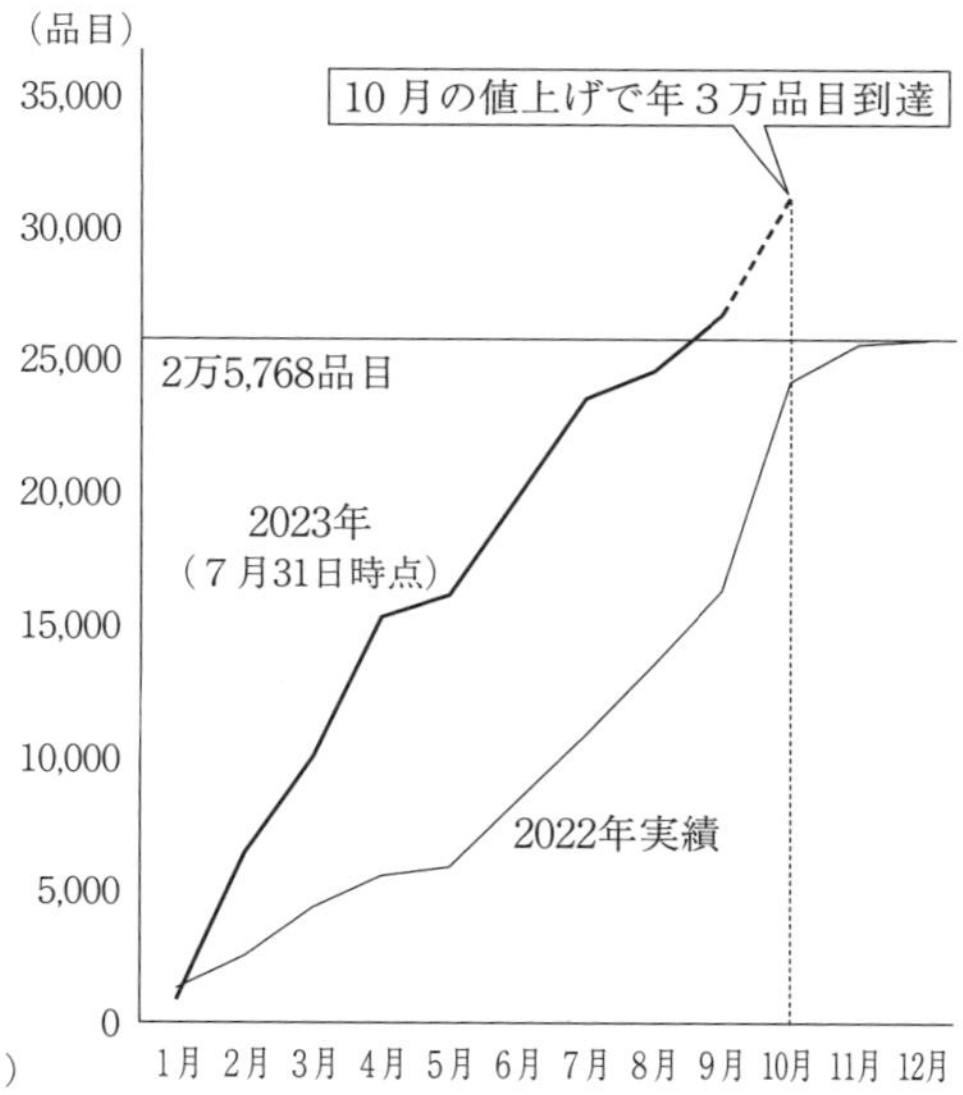

（出所）帝国データバンク「定期調査：『食品主要195社』価格改定動向調査——2023年8月」より

発しただけでなく、全産業の製品価格に転嫁され、その上昇圧力として作用する。鉱物資源や原材料費の上昇は、直接、製造業の企業製品の価格上昇を誘発する。深刻なのは、その67％を輸入に依存する食料品の価格高騰であり、それは生存権にかかわる問題である。２０２２年に２万５７６８品目で平均１４％の値上げとなり、２３年には3万７１０品目で平均１５％の値上げとなる。１４％の値上げによって家計の負担は年間で8万円も増大した。さらにエネルギー価格の高騰により、各電力会社の電気料金が毎月３０００円前後値上げされ、家計の負担は増大する一方である。

現代日本は、円安↓輸入物価高騰↓企業物価高騰↓消費者物価高騰↓国民生活破壊、という連鎖の中の円安・物価高に襲われている。この連鎖を断ち切り、物価高から国民生活を守るためには、異次元金融緩和政策から脱出し、異常な水準の金利格差と円安を回避しつつ、賃上げ・消費税減税・家計への補助などの政策展開が喫緊の課題になっている。ロシア・ウクライナ戦争で高騰する原油価格がガソリン・灯油など日常生活に直結する燃料価格の高騰に直結しないように、民間に備蓄した石油備蓄の中から７５０万バレル（約4日分）が放出されたが不十分である。食料品の相次ぐ値上げなどへの対応は無策であり、相次ぐ値上げが野放し状態である。

他方で、円安は一部の輸出大企業に為替差益をもたらし、その利益を押し上げている。ブルームバーグ社によれば[6]、コロナ禍に直撃されたトヨタの販売高は減少したが、為替が円安に振れたので（注：前年比で約9円の円安）、営業利益は前年同期比で１９００億円も増大（２０２２年3月期）した。また円安は、ドル建て資産（米国株・債券など）に投資した日本の大資本や大口投資家には、

図6-4　円安が招いた物価高—その意味と効果

円安とは、ドルなど外国通貨との交換比率が円にとって不利になること＝海外物価が高くなること

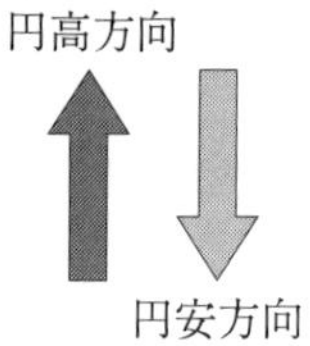

１ドル＝100円…１ドルで売られている商品を買う（輸入）には
100円の支払い

１ドル＝150円…１ドルで売られている商品を買う（輸入）には
150円の支払い

円安の原因

1．短期的には日本の低金利、海外の高金利という**金利格差**のためマネーが海外に逃避し、円売りドル買いの流れが発生
2．中期的には、**貿易赤字**に陥り、対外支払いのためのドル需要が大きくなり、円売りドル買いでドルを調達する
3．長期的には日本経済の長期的な低迷や政府債務の累積などによって、国際社会における**日本の地位が低下**したからである

円安で国内物価が高くなるメカニズム

円安 ➡ 輸入物価高騰 ➡ 企業物価高騰 ➡ 国内物価高騰 ➡ 生活と経営の破壊

海外から受け取る株式の配当金や利子に莫大な為替差益を生み出している。国際収支における日本の第１次所得収支は、円安の進展に歩調を合わせ、貿易赤字額をはるかに上回る３５・３兆円（２０２２年）の大幅黒字を記録した。

昨今加速する円安の背景は、明快である（図６－４）。それは、日米金利差の拡大と日本の貿易赤字拡大によって増幅されたドル高・円安である。この点、為替相場の動向に詳しいエコノミストたちは次のように指摘する。「ドル高・円安の背景は明快だ。インフ

レの抑制に本腰を入れた米連邦準備制度理事会（ＦＲＢ）が今月16日にゼロ金利政策を解除、今年だけでも0・25％刻みであと6回分もの追加利上げを示唆する一方、物価目標2％達成の見通しが立たない日本では、日銀が大規模緩和を継続。短期金利をマイナス0・1％に据え置くと同時に、満期10年の国債を無制限に買う『指し値オペ』を駆使して長期金利に0・25％の強力な天井制限を課す方針を崩さずにいる」[7]からである。

最近、政府もようやく円安問題の深刻さに目を向けはじめ、鈴木俊一財務相は参院財政金融委員会で、「円安が急速に進んでいる」、経済状況を考えると「デメリットをもたらす面が強い」との見解を示したが、具体策についてはまったく言及していない。こうした日本の財政金融当局の姿勢について、日本総合研究所の河村小百合主席研究員は、「欧米主要国が財政再建や金融政策正常化に着手する中、日本は議論すらしていない」[8]、と指摘する。政府と日銀の無策ぶりを尻目に、日米の金利差は拡大し、円安が進展した。アメリカの政策金利は11回の引き上げで5・5％台に上昇し、マイナス0・1％に固執する日本との日米金利差は拡大し、円安が進展した。日銀は長期金利の目標を0・5％、さらに1・0％に引き上げたが主要国との金利格差は縮まらない。アメリカだけでなく世界中の金利が上昇し続けているのに、日銀が金利の低位固定化に固執する限り、日本から高金利国へマネーは逃避するので、さらに円安が進展し、輸入物価が高騰し、国民生活は一層の物価高に襲われる事態が再生産されている。

インフレ・物価高と戦う「物価の番人」のはずの中央銀行の日銀が目下の物価高に対して身動き

できない状態に追い込まれているのは、経済を脆弱化させ、政府債務を累増させたアベノミクスと異次元金融緩和政策の負の遺産である。もし日銀が、各国中央銀行のようにインフレ・物価高を抑え込むため金利を引き上げると、財政危機を誘発するからである。1000兆円に達する普通国債発行残高の加重平均金利は、異次元金融緩和政策の「恩恵」で0・76%（2022年度）と異常なほど低く抑え込まれ、一般会計から政府の支払う国債利払い費も「政府債務大国」にしては8・2兆円に抑え込まれている。だが、日銀が金利を1%引き上げると、それは即国債金利に連動し、国債利払い費を数兆円単位で引き上げてしまうからである。財務省試算では、◆9 3年後には国債利払い費は3・7兆円も増加し、財政危機が表面化する。しかも国債費の支払いは他の一般会計歳出より最優先するので、社会保障関係費などは財政危機のリスクを転嫁され、真っ先に削られてしまう。

グローバル経済下の為替相場の経済効果

日本の国民通貨である円に対するドルや他国通貨との交換比率を意味する外国為替相場の動向は、日本の貿易（輸出入）や対外投資（マネーの国際移動）に大きな影響を与える。現代のようなグローバル化した経済では、為替相場の動向は各国の国民経済のあり方にも影響する。

他国通貨に対する円の交換比率の上昇＝円高と交換比率の低下＝円安によって発生する経済効果は、グローバルな経済活動を展開し、独占的な支配力を持つ巨大多国籍企業と自国での生活を余儀なくされる国民とではまったく相反する。多国籍企業のような大資本の利益を擁護する立場で判断するのか、それとも国民生活の安定と充実（憲法第25条）を擁護する立場で判断するのかによって、経済効果は相反する評価となる。

円高局面では、円の対外購買力が高くなるので、外国の物資が安く購入でき、輸入物価が下がり、やがてそれは国内物価にも波及し、国内物価を下げる。国民生活にとっては、海外のブランド物を安く買えるだけでなく、安い商品に囲まれて生活でき、生活費が圧迫されない。海外旅行にも安い旅費でエンジョイできるメリットもある。

だが、円高（＝ドル安）は、外国から見れば日本製品の価格高騰をもたらし、買えなくなる。すると、日本の輸出産業にとっては、国内で生産した商品を海外に販売しようとしても、販売量が減り、利益が減り、経営は悪化する結果＝円高不況をもたらす。日本の巨大企業は、円高のデメリットを回避するため、円の流通圏外、すなわち外国に生産拠点を移し、外国で生産し、外国で販売するようになる。その結果、日本の国内産業は空洞化し、働き口が減って失業者を多く出してしまう。いわゆる円高不況が日本の経済社会を襲う。

他方、現在のような円安局面では、主要輸出企業の営業益は円安によって好転する。2022年度の主要輸出企業20社の営業益は、1ドル＝120円の水準で、トヨタで3670億円増、ホンダで1095億円増など、前年度比で約9100億円も増大した。◆10 だが、原材料を輸入に依存する国民生活関係企業は、円安によって原材料費が高くなり、収益が下押しされる。ニトリは商品の9

割を海外で生産し、ドル建てで決済しているので、1円の円安で年間約20億円の減益となる。ニトリ、しまむら、サイゼリヤなど、市民生活に直結する企業商品は値上げを迫られ、国民生活を圧迫することになる。

円安は、国民生活だけでなく、日本の企業数全体の99%、従業員数の69%を占める中小企業の経営を悪化させる。というのも、中小企業の売上高に占める輸出比率はわずか3%に過ぎず、円安差益の恩恵はないからである。[11] むしろ、円安による原材料費の高騰は仕入れ価格を押し上げ、中小企業の経営を直撃している。

円安が日本経済を活性化する時代は終わった。というのも、日本を代表する大企業の多くが安価な労働力や販売市場を求め海外に進出し、国内産業は空洞化したからである。日本の自動車産業の大手8社の2021年度の世界生産台数は2302万台であったが、その70%の1592万台は海外生産であり、国内生産の割合は30%の709万台に過ぎない。[12] 日本の主要産業は海外で生産し、海外で販売し、利益も海外で投資している。こんな状態では、円安が国内経済を活性化する経済循環は成立しない。

1981年から2011年までの約30年間にわたる「貿易黒字大国」日本は、戦後の円高の基本的な背景であったが、近年、「貿易赤字国」に転落した。日本の貿易構造は根本的に変化し、その基本的な経済基調は、円高から円安に転じた。

2　アベノミクスが脆弱化させた経済

日銀による官製株式バブルの発生

異次元金融緩和政策は、人為的に円安と株高を誘導・実現し、大資本・投資家・富裕層の利益を増やす一方、９９％の国民には物価高と資産格差をもたらした。経済はゼロ成長のままなのに、政府債務残高を累増させ、国民負担率を高めて生活を深刻化させ、日本経済を脆弱化させる政策であった。

中央銀行が株価を吊り上げておくために株式市場に資金を供給する禁じ手の「異次元」金融緩和政策の特徴の一つは、日銀による株式ＥＴＦ（株価指数連動型上場投資信託）の大規模買入であった。アベノミクスのもとで買入額が倍増し続けた。株価が下落すると、すかさず日銀の株式ＥＴＦ買入が入り、株式市場に日銀マネーが投入され、株価の下落を食い止めてきた。日本の株価は官製相場となり、高値で安定的に推移した。日銀は、現在、額面価格で３７・１兆円の株式ＥＴＦを保有しているが、日銀保有の株式の時価総額は、東証一部の時価総額の７％弱に達している。

「バイ・マイ・アベノミクス（アベノミクスは『買い』だ）」――2013年9月、安倍首相は、第2次政権発足早々、世界で最も影響力のある株式市場を運営するニューヨーク証券取引所（NYSE）の壇上から世界各国の投資家に向けてアッピールした。さらに、映画「ウォール街」になぞらえ、「ジャパン・イズ・バック（日本が帰ってきた）」と続け、外国人投資家を鼓舞した。◆13「バイ・マイ・アベノミクス」とは、別言すれば「日本株を買ってくれ」との呼びかけであり、さらにその後の展開で明らかのように、日銀とGPIF（年金積立金管理運用独立行政法人）が日本株を買い支えるので、安心して日本株に投資でき、儲けることができるよ、というメッセージであった。

事実、アベノミクスの官製株式バブルは、日銀の株式ETF買入額の拡大に加えて、世界最大の年金基金GPIFの株式投資枠を拡大することで実現した。その顛末は次のようである。「14年10月のGPIFの運用見直しでは、焦点だった日本株比率について「19%とする厚生労働省のプランを一蹴し、20%超とすることにこだわった」（当時を知る閣僚経験者）。年金基金による株式運用の倍増に併せ、安倍官邸が主導した日銀の日本株式指数連動型上場投資信託（株式ETF）の買い増しは高水準で推移し、政府内には「これで株価が底割れすることはなくなった」（経済官庁幹部）との声がある」◆14と報道されている。GPIFは、2022年度現在、運用資産額200兆円（うち日本株50兆円・国内債券55兆円、外国株49兆円・外国債券50兆円）を運用する世界最大の機関投資家に変貌した。

日銀とGPIFは、内外の株式投資家たちから「二頭のクジラ」と見做され、日本の株式市場に株高の大波を起こす巨大な株式投資家として歓迎された。だが、価格変動リスクのある株式を保有することは、株価が下落したら、日銀もＧＰＩＦも損失を抱え込み、円への信用不安・円安や年金の支払いに支障をきたすリスクを抱え込む。

株高の恩恵は大資本・投資家・富裕層へ

岸田文雄首相は、訪問先の英ロンドンの金融街シティーで講演し、安倍元首相同様、世界の投資家に向けて、「インベスト・イン・キシダ」◆15と呼びかけた。破綻したアベノミクスが証明しているのは、株高の恩恵はごく一部の大資本・投資家・富裕層の資産を拡大しただけである。しかも、投機的な金融ビジネスを活発化させ、ハイリスク・ハイリターンの企業・金融機関経営が台頭する一方で、健全な実体経済は脆弱化した。会社経営では株主の利益が優先され、従業員のリストラと賃金削減が断行される。ストックオプション（自社株を一定の価格で購入する権利）制度が拡散し、役員も従業員も、自社株の動向に一喜一憂するようになり、格差と矛盾に満ちた資本主義経済を受け入れる風潮を拡大した。

海外の日本株投資家は、円安が進展すると、為替相場の影響で安くなった日本株投資を活発化し、海外投資家頼りの株高が実現する。だが、海外投資家の目的は日本の経済成長のために資本金を供給するのではなく、日本株投資で儲けることにあるので、内外の情勢変化に敏感に反応し、一瞬で資本を引き上げる。日本の株式市場は、相場がトランポリンのように乱高下する「ギャンブル場」となる。

ゼロ金利・金融収奪・危機の連鎖

日本の長期金利（＝長期国債金利）は、アベノミクスの影響下にある２０１２年から２０２２年の平均で見ると、０・２２％という歴史上類を見ないゼロ金利の水準である。歴史上の最低金利は、最近に至るまで、１６１９年にジェノバ共和国で記録された１・１２５％とみなされていた。[◆16]

ゼロ金利とは、資本主義経済下においては、貨幣が資本として増殖しなくなった状態、経済が成長しないゼロ成長の状態を意味する。事実、２０１２年から２０２２年の日本の実質経済成長率の平均はゼロ％台の０・７７％であり、アメリカの２・１９％や中国の６・５８％と比較すると、異常な低成長であり、底這《そこば》い状態であった。

実体経済が成長せず、実体経済から得られる利潤が低迷しているのに、それでもなお利潤を追求する資本の本質的な行動は、コストと見なす賃金を切り下げ、他社や他国の利潤・国民諸階層の既存の資産などを金融的に収奪する道に邁進する。金融収奪型の金融ビジネスは、高性能コンピュータやＩＴ革命の成果、経済のデジタル化に支えられ、時間と空間を超越し、グローバルに展開される。マネーは投機マネーとなって世界を駆け巡る。[◆17] 金融ビジネスで安心して利益を増やすには各種の金融商品や資産を高値に吊り上げてくれる金融緩和政策が不可欠となる。それは、金融セクターに主導されたバブル経済の膨張と崩壊を繰り返す不安定な金融経済を肥大化させていく。カジノ型金融独占資本主義のもとで独占的な巨大金融資本や大口投資家の金融収奪と富の一極集中が加速される一方、経済危機・貧困・格差拡大という負のスパイラルが繰り返される現代資本主義経済が立ち上がる。

この間の日本のバブル経済の膨張と崩壊は次のような金融危機・経済危機・財政危機の連鎖を作り出し、その渦中で貧困と格差が拡大し、国民生活は深刻化した。バブル崩壊・各種資産価格の暴落↓銀行の不良債権・損失の拡大↓自己資本比率の低下・債務超過↓銀行破綻と金融危機↓企業への貸し渋り・貸し剝がし↓企業経営の悪化・倒産・失業と経済危機↓財政出動と金融緩和による経済対策↓国債増発・政府債務の累積・日本銀行資産の増大↓国債価格の下落・金利上昇↓財政資金調達難・政府債務のデフォルト懸念・財政危機↓日本銀行による大規模国債買入と超金融緩和・超低金利・通貨価値下落・円安↓輸入物価の高騰・国内物価への波及・物価高で破壊される国民生活、といったバブル経済の膨張と崩壊のプロセスで富を集中する大企業・大口投資家・富裕層がいる一方で、国民生活は疲弊し、貧困と格差が拡大する悪循環が繰り返される。

3　脆弱経済国家日本とアジア経済時代の到来

拡大する対外投資と空洞化する国内産業

新自由主義の推進主体である日米欧の多国籍企業・金融資本が日本の経済社会に支配的な影響を与えるようになったのは１９９０年代以降、とりわけ日本版「金融ビッグバン改革」が完了した２００１年以降であった。日本の経済社会のあり方は、企業経営や生活に不可欠の実体経済の営みが脆弱化する一方、目先の短期的利益の追求、株主への配当金支払い、株式など各種の金融商品の開発・保有・売買、国家の信用を利用した旺盛な国債ビジネスなど、金融経済の営みが活発化し、肥大化してきたことである。「ウォール・ストリート（金融経済）」が「メイン・ストリート（実体経済）」を振り回す事態が日本でも進展し、「ジャパン・アズ・ナンバーワン」と謳われたモノづくり大国の日本経済は脆弱化し、低迷してきた。

第１に、ビッグバンによって対外投資規制が緩和されたため、有利な投資先と利益を求めて国内から海外に流出したジャパンマネーは、２０２２年末現在、１３３８兆円の対外資産残高となって積み上がっている。対外負債を差し引いた日本の対外純資産は418兆円に達し、ドイツや中国を大きく引き離した世界最大の対外資産大国として君臨している。マネーは経済にとって血液であり、資本として機能するマネーがこれだけ海外に流出したら、日本の国内経済は貧血状態になり、実体経済は脆弱化する。

ジャパンマネーの対外投資に対応し、日本企業も安価な労働力と販売市場を求めて海外に進出し、国内の設備投資を怠り、賃金を削減してきた。2021年度末現在、海外進出した2万5325社の日本企業が海外で雇用する従業員数は569万人に達する。経済成長に必要な生産のための基盤と消費のための基盤を自ら破壊してきた。国内産業は空洞化し、雇用機会と雇用条件は悪化し、国内経済は脆弱化したが、海外進出した企業の利益は増大した。このような経済の脆弱化を防止するには、対外投資規制やジャパンマネーの国内循環を実現し、国内での設備投資と賃金支払いを充実することである。

第2に、日本の企業や金融機関の経営それ自体が膨張する財政と政府需要に安易に依存し、さらには異常な金融緩和政策に支えられ、不況やバブル経済の崩壊に直面しても、政府と日銀によって助けてもらい、経営の自己責任を免れてきたことである。海外からも注目された日本の「政・官・財」の利益共同体◆18が既得権を継承するため、激変するグローバル経済や持続可能な経済活動に対応できる財政金融政策や企業経営のあり方、人材の育成と雇用などは軽視され、旧態依然の上意下達、パワハラ、セクハラ、ジェンダーギャップなどが温存されてきた。このような経済の脆弱化を防止するには、欧米で見られるような官民における情報公開の徹底、予算や経営の厳格なチェックと様々なペナルティの導入が不可欠である。

第3に、今回の新型ウイルスのパンデミックによって証明されたのは、エネルギーや食料の極端な対外依存は経済の脆弱化に止《とど》まらず、その国の経済社会や生存権すら脅かすことである。日本の豊かな自然資源を無視し、目先の損得勘定で外国に依存する野蛮な資本の論理を乗り越え、再生エネルギーや食料の自給率を急速に高めていくことが喫緊の課題である。

第4に、世界トップクラスの「政府債務大国」の重石は、現在と将来にわたる日本経済の脆弱性の背景になっているが、この点で、岸田政権が見習うべきは、法人税と富裕層増税に舵を切り、応能負担により財政再建を進めようとするアメリカのバイデン政権の姿勢である。

バイデン政権は2023会計年度予算教書を公表し、10年間で1兆ドルの財政赤字を削減する計画だが、その財源は法人税を現行の21%から28%へ引き上げ、1億ドル（約122億円）を上回る超富裕層の家計を対象にして、所得と未実現のキャピタルゲイン所得の両方に最低20%課税することで発生する歳入増によって調達する、という。この応能負担により、10年間で2兆5000億ドル（約310兆円）の歳入増を見込んでいる。バイデン大統領はホワイトハウスで「われわれはトランプ前政権下の赤字を減らし、財政を立て直す」と宣言し、「大企業と超富裕層に相応の税負担を課す一方で、堅実な投資と経済成長、そしてより公平な経済を実現する」ことを強調した。◆19

アメリカとドルに振り回される日本経済

日本経済の脆弱性の対外要因は為替相場の変動に直撃されることにある。それは、日本貿易と対外取引で使用するマネーがアメリカドルに極端に依存した「砂上の楼閣」ならぬ「ドル上の楼閣」だからである。[20] 資源・原材料に乏しい「貿易立国」の日本の輸出入で使用される通貨は自国の「円」ではなく、アメリカの「ドル」に極端に依存している。

米中日の主要3ヵ国の貿易額は大きく、それぞれ国内総生産（GDP）に占める貿易の割合は米国で23%、中国で35%、日本で31%を占めている。貿易の割合が高くなるにつれて、為替相場の変動が自国経済に与える影響は大きくなる。だが、米国は、国際金融における基軸通貨国であり、自国のドルが対外決済でも使用できるので、為替相場の影響はほとんど受けない。中国は、ドルへの依存を回避するために米ドル単一通貨へのペッグ制をやめ、通貨バスケット制に移行している。さらにアジア経済圏での貿易には自国通貨の人民元を使用している。

だが、日本は、輸出入ともドル建て決済の割合が異常に高い。[21] 財務省の貿易統計によれば、日本の貿易取引通貨別比率（表6－2）は、輸出で見ると、対米輸出で受け取る通貨は円ではなく米ドルで87・6%、世界各国平均でも、ドル建ての割合が51・9%に達するが、自国の円建ては34・5%にすぎない。輸入となるとさらにドル建ての割合が高くなり、世界各国平均で72・6%、

表6-2　貿易取引の通貨別比率（2022年下半期）

日本からの輸出　（単位：%）

通貨名	米ドル	円	ユーロ	元	その他
比率	51.9	34.5	6.3	2.3	5.0

日本からの輸入

通貨名	米ドル	円	ユーロ	元	その他
比率	72.6	21.4	2.7	1.4	1.9

（出所）財務省：報道発表、2023年1月19日

円建ては21・4%にすぎない。為替相場の変動を受けない円建ての割合は、輸出入全体の平均で27・9%にすぎず、それに対してドル建ては62・2%に達している。日本貿易は、その6割が他国通貨の米ドルで決済されているので、円・ドルの為替相場の変動に直撃されることになる。日本貿易は、米「ドル上の楼閣」という脆弱性を抱え込んでいる。

ドルへの依存は民間貿易だけでない。公的な外貨準備となると、ドルの割合はさらに高い。日本の外貨準備高（2023年4月末現在で中国に次ぐ世界第2位の1・2兆ドル）の約8割を占めるのはアメリカ国債であり、その他のドル預金も含めると、9割以上は米ドルで保有されている。IMFの公表する世界各国の外貨準備の構成通貨データ◆22（COFER）によれば、2023年第1四半期の世界の公的外貨準備高12・0兆ドルの通貨別構成比は、米ドル59・0%、ユーロ19・7%、円5・4%、ポンド4・8%、人民元2・5%である。近年、ドルの比率は下がり続け、2001年の72%から2023年の59%へ13ポイントも低下した。こうした各国の「ドル離れ」とは裏腹に、その9割が米ドルで保有される日

本の外貨準備は極端なドル依存である。ドルが暴落したら日本の外貨準備の大半は消滅するリスクにさらされている。

だが、21世紀に入り、世界経済の中心は欧米からアジア経済圏に移行した新しい時代が到来した。アメリカとドルに依存し、脆弱化する日本経済のあり方を根本的な見直す時期が来た。

世界経済の中心はアジアの時代へ

産業革命以後、世界経済を支配した歴史を持つ英米の大学や研究機関で、近年、21世紀の新しい世界経済の動向について、歴史的な研究が相次いで発表されている。◆23 端的にいえば、世界支配による権益と特権が急速に台頭してきた中国やインドなどアジア諸国に奪われるのではないか、そうなったら、そうさせないためには、まず現状を正確に分析する必要がある、との動機から、かつての大英帝国と戦後の覇者アメリカが研究を加速させているからである。

世界経済の中心（＝剰余価値を生産する主要な経済圏）は、イギリスのマディソン歴史統計によれば、産業革命の成果が行き渡る前までは、当時の2大人口大国＝経済大国の中国・インドを含むアジア経済圏であり、そのシェアは世界経済の59・4％占めていたが、産業革命以降ヨーロッパ経済圏（1913年で46・4％）へ移行し、戦後はアメリカ経済圏（2000年で32・4％）へ移行してきた。だが、21世紀に入って以降、産業革命の成果も、ICT革命の成果も急速に取り入

図6-5　世界GDPに占める経済圏の割合の長期推移（単位：%）

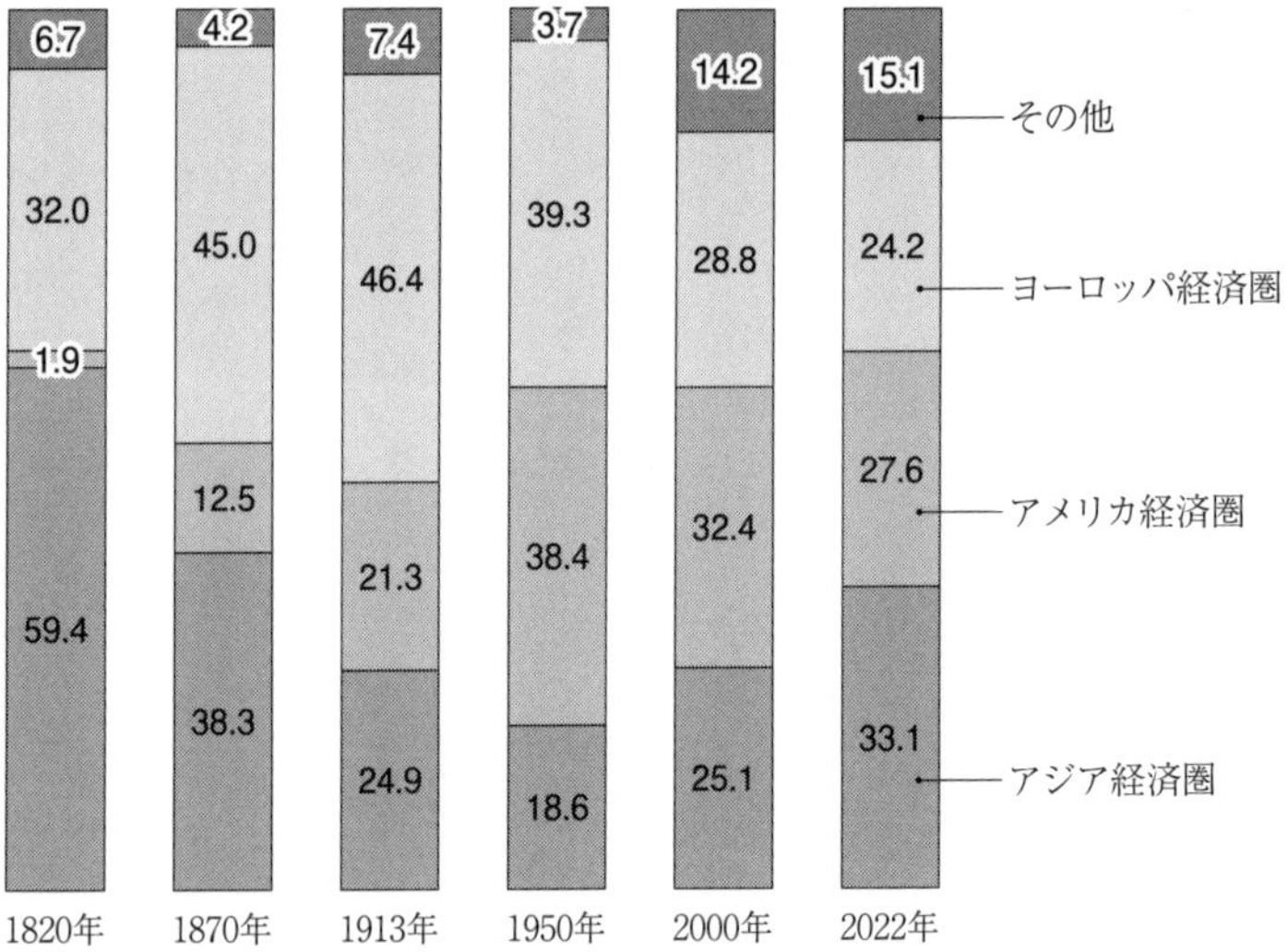

（注）第2次産業革命まで、中国・インド経済で世界経済の過半を占めていた
（出所）1950年まではマディソン歴史統計、以降は名目GDPでIMF: World Economic Outlook Database、より作成

れた中国やインドを含むアジア経済圏が急成長してきた。2022年の世界経済に占める割合では、アジア経済圏（33・1%）はアメリカ経済圏（27・6%）を抜き世界最大の経済圏に成長し、世界経済に支配的な影響力を持つようになった。世界経済地図は塗り変わったのである（図6－5）。

アメリカが基軸通貨ドルの特権と高度な金融ビジネスを駆使し、グローバルな金融収奪の体制を構築していても、金融収奪のそもそもの源泉である利潤（剰余価値）の生産地域、その最大の経済圏は、ヨーロッパやアメリカからアジアに移行したのである。これは世界の主要企業や金融

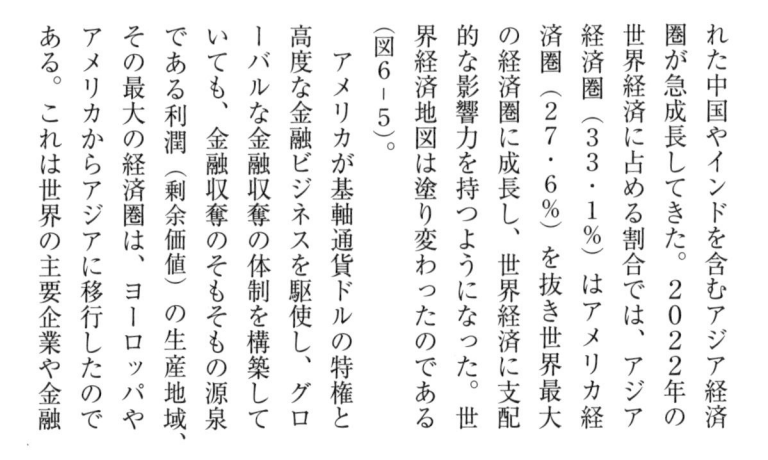

機関が、中国やインドなどアジア経済圏に活動の拠点を移してきた経済的背景でもあった。またパックス・アメリカーナを志向するアメリカがその軍事力をアジア太平洋地域へシフトさせていることの背景でもあろう。

最大の貿易相手国はアメリカから中国へ交代

世界最大の経済圏に成長したアジアに位置する日本の貿易相手国も交代した。日本の最大貿易相手国はアメリカでなく中国になった。2021年現在、日本の輸出入総額に占める両国の割合は、中国が最高の25・2%を占め、アメリカはわずか14・1%に過ぎない。すでにアメリカの割合はASEAN諸国との割合（14・9%）すら下回っている（図6－6）。しかも日本の輸出入総額168兆円の53・1%はアジア経済圏に依存する。この事実を直視すると、日本貿易の異常なほどのドル依存の構造がいかに現実の経済実態を無視した無謀なリスクを抱え込んでいるかは明白である。

とくに対米貿易においては、対米輸出の24・2%は自動車の輸出であり、その輸出額は円換算で3兆5849億円に達するが、トヨタ自動車などが対米輸出で受け取ったドルの多くはそのままアメリカ国内に再投資され、アメリカの景気や雇用を支える役割を担っている。こうした日本企業の行動について、アメリカの経済戦略研究所所長は、「レクサスはいいクルマだ。トヨタは米国人に売っていると思っているが、我々は日本のクルマを日本人のカネで買っている。米国にとってこ

図6-6　日本の貿易相手国の割合（2021年、%）

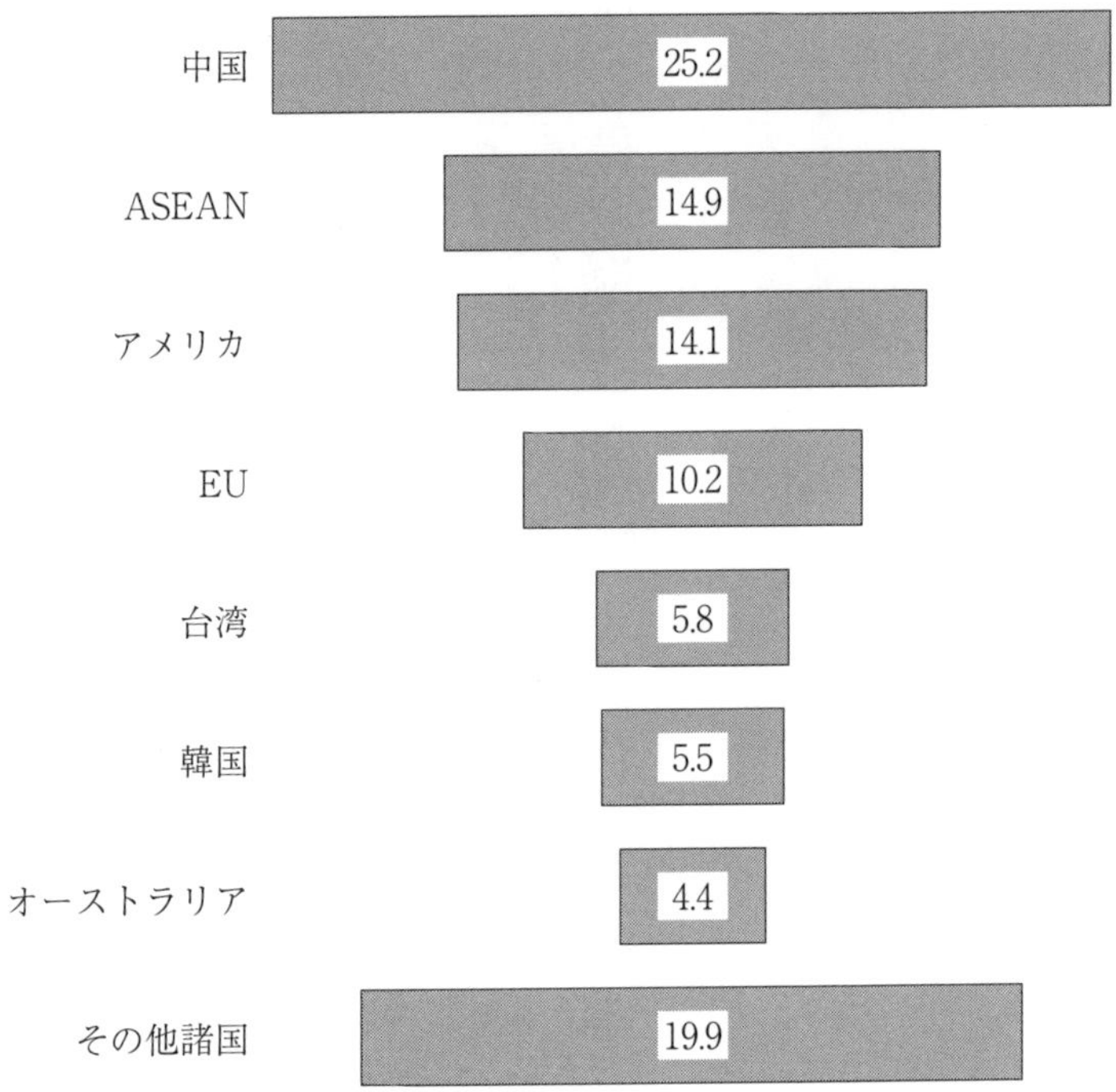

（注）2021年の輸出入総額は168兆円（100.0%）
（出所）財務省貿易統計より作成

んなうれしいことはないが、こんなことがいつまで可能なのか」[24]と率直な意見を述べている。この意見は、対米従属国家日本の特徴を的確に表現するものであり、日本の国益と国民生活を犠牲に、アメリカの国益と日米の多国籍企業に貢献する日本政府の姿勢をズバリいい当てている。

　日本貿易の最大の相手地域がアジア経済圏であり、アジア諸国との円滑な貿易を抜きにして日本経済は成り立たない時代がやってきた。このような日本の貿易相手国・地域の根本的な変化を踏まえ、日本の21世紀の経済を展望した時、従来のようにアメリカやドルに従属する対外関係のあり方を根本的に転換することが必須の課題である。中国・韓国・インド・ASEAN諸国をはじめとしたアジアの国々と平和的に共存共栄する道を選択することでしか、日本の経済成長と繁栄は実現できない時代が到来した、といえるからである。

だが、国会で次々に可決されてきた「経済安全保障法◆25」などは、中国を仮想敵国とし、日本を中国やアジア経済圏から隔離し、中国と覇権を争うアメリカへの従属を強め、日米軍事同盟の強化とアメリカによる日本の知能・技術を収奪する内容の法律である。これは時代に逆行し、日本の国益を損なうだけでなく、アメリカのアジア戦略に沿った危険な戦争への道でもある。

昨今の日本の倍増した軍拡予算や憲法改正の動向について、日本の最大の貿易相手国の中国などからは、「日本の真の目的は、政治・軍事レベルでいわゆる『普通の国化』を実現し、平和憲法による軍事力に対する制約を解除し、政治・軍事大国の地位を獲得することだ。自民党は立党宣言及び綱領の策定や改定時に、いずれも基本方針として『憲法改正』あるいは『新憲法制定』を明記してきた。とくに2012年以降、安倍晋三、菅義偉、岸田文雄の各内閣は『新憲法制定』の推進を加速し、法制及び世論面の準備を継続的に進めてきた◆26」との強い懸念と抗議の声が発せられている。

すでに日本と中国の間には、在中日系企業3万2000社（これは海外進出日系企業の43%を占める）、在中邦人11万6500人、といった広く深い日中経済関係が築かれている。そんな国同

図6-7　中国からの輸入停止で53兆円が消失

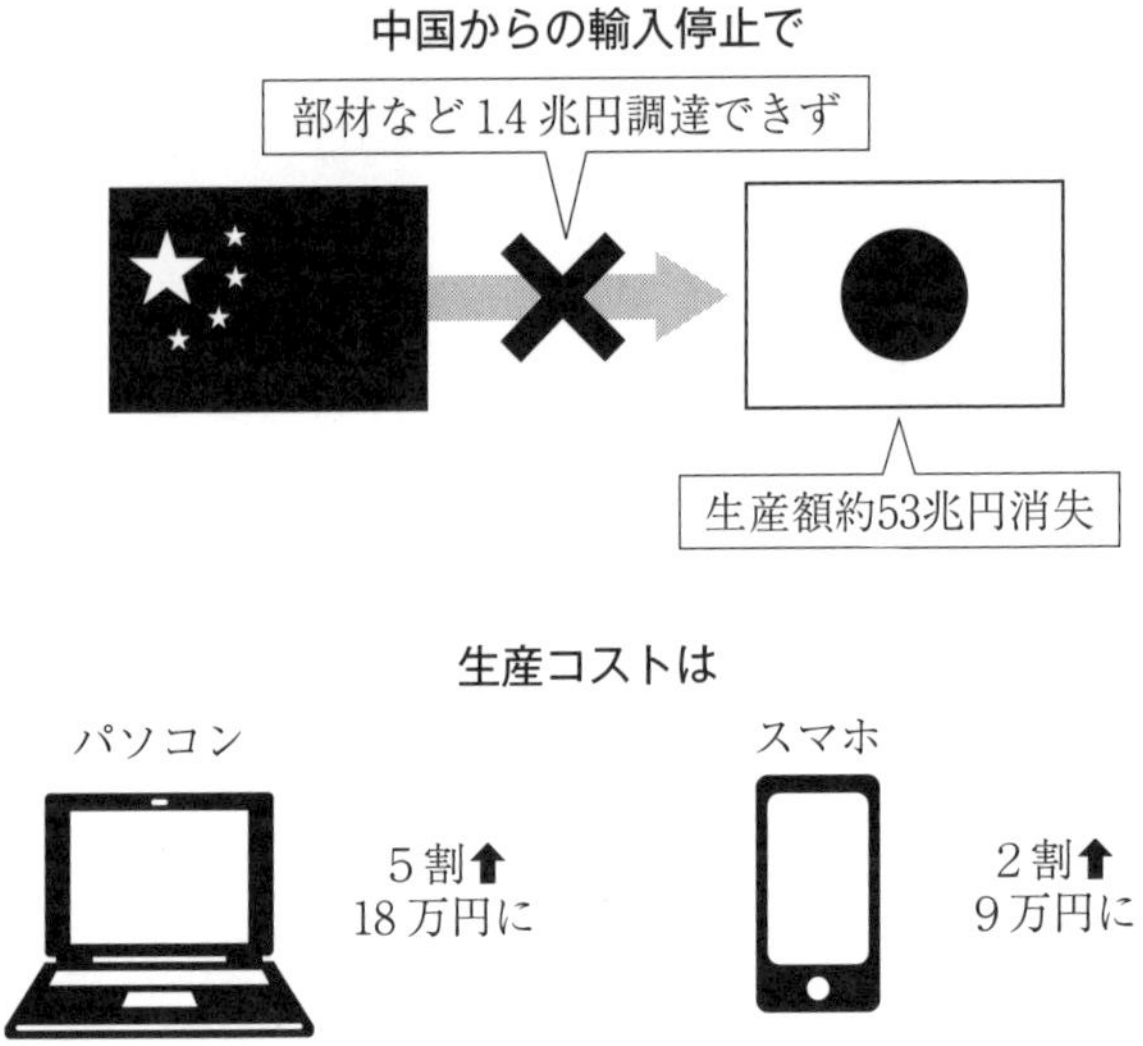

（注）生産減少は2カ月間8割輸入途絶の場合
（出所）生産減少は戸堂康之早稲田大教授・井上寛康兵庫県立大教授、製品コストはオウルズ試算。日本経済新聞2022年10月18日付

士で戦火を交えると、互いに自国の経済崩壊をもたらしかねないので、日中双方とも戦争は不可能である。最近の研究によれば、「台湾有事」などで中国からの輸入が2ヵ月間停止しただけで、日本経済はGDPの1割に匹敵する53兆円を失い、大恐慌状態に陥る（図6-7）。食料の輸入もストップするので、日本国民は飢餓状態に陥ってしまう。中国からの大量の物資の輸入がストップすると、国内で物不足が発生するので、物価が高騰し、国民生活が破壊される。

観光庁によれば、コロナ禍前の2019年の訪日外国人数318

8万人のインバウンド消費額は4兆8135億円に達し、国内消費の停滞状況を改善する効果を持った。インバウンド消費の最大の貢献国は中国からの959万人の1兆7704億円（全体の36・8％）であった。日本に兵器を爆買いさせるアメリカだが、インバウンド消費に貢献する人数はわずか172万人（3228億円、全体の6・7％）であり、日本のインバウンド消費への貢献度は中国の5分の1以下である。

尖閣諸島や台湾に対する中国の覇権主義的な挑戦を理由にした「中国仮想敵国」論は、このような現実をまったく無視した、危険な妄想にほかならない。それは、アメリカのアジア支配戦略に従属し、米日軍需産業の戦争ビジネスを活発化させ、資源の浪費と人命・環境破壊をもたらすだけである。問われているのは、軍事力でなく平和的な外交の力である。

おわりに――持続可能な99％のための経済へ

21世紀の日本経済を展望する時、産業革命期以来、世界最大の経済圏に復活したアジア諸国と平和的に共存共栄できるかどうかが喫緊の課題である。国内では、憲法第25条をはじめとした各条項を実現するための各種の経済政策＝社会保障や福祉・教育を充実させ、安心して暮らせる社会、明日に未来を託せる社会、誰もが十分な教育が受けられ個人の才能が開花する社会をめざし、対外的には、憲法第9条を守り、平和的に国際社会と連帯し、地球環境と持続可能な社会をめざす外交が喫緊の課題となっている。

目先の利益でマネーを暴走させ、バブル経済の膨張と崩壊を繰り返すカジノ型金融独占資本主義は、「1％の金融独占資本と株主と富裕層のための経済」である。その対極で、99％の国民生活は貧困化し、国民経済と地域経済は疲弊し、貧富の格差が拡大する。弱肉強食のカジノ型金融独占資本主義と決別し、「1％のための経済」から持続可能な「99％のための経済」に転換することである。

第1に、モノの取引を伴わない投機的な金融取引には課税し、実体経済から乖離《かいり》したマネーの暴走を抑え込むことである。国境を越えた投機目的の国際通貨取引にも課税（「トービン税」）し、円・ドル・ユーロなどの為替相場の変動を抑え込み、安定化させることである。低率の課税でも投機抑制効果は大きく、巨額の税源が生まれるうえ、新自由主義的な政策を押し付ける金融独占資本の権力を削ぐことにもつながる。

第2に、国や地域の経済活動の中で稼いだマネーの一定割合はその国や地域の発展と安定のために再投資し、循環させるしくみを確立することである。金融機関に集中したマネーがグローバル市場や首都圏に流出したら、国民経済も地域経済も疲弊する。米国にはマネーの地域内循環を明記した「地域再投資法（ＣＲＡ）」という先行事例があるので、日本でも至急に導入すべきであろう。食糧とエネルギーの自給率を高め、為替相場や対外要因に左右されない国民経済に脱皮していくにも、マネーの地域内循環は不可欠の課題である。

第3に、中央銀行の独立性を保証し、時の政権や経済界の意向に屈服せず、「物価安定」の大目標を実現することである。実体経済が安定して営まれるためには物価の安定が不可欠である。

第4に、21世紀の人類的視点に立ち、国連総会で採択された「持続可能な開発目標」◆27（SDGs）――貧困撲滅、健康と福祉、質の高い教育、クリーンエネルギー、ジェンダー平等、気候変動対策、不平等と格差の是正、平和、持続可能な生産と消費、安全な街づくりーなどのSDGsの17の目標を達成できる各種政策を充実させ、実行することである。

このような課題を達成していくプロセスが脆弱経済国家から脱出する日本経済の展望といえる。いま、主権者の私たちに求められているのは、時代を切り拓く「野蛮な情熱」なのかもしれない。

ひとことエコノミクス9　SDGs

SDGs（持続可能な開発目標）は、2015年に国連総会で全加盟国（193ヵ国）の賛同を得て決議された。開発目標の達成は2030年であり、メディアでも大きく取り上げられ、企業人の中にはSDGsバッジを胸につけている人も多く見られる。

貧困撲滅、健康と福祉、質の高い教育、クリーンエネルギー、ジェンダー平等、気候変動対策など、自然・社会・経済全般にわたる17の目標と169のターゲットからなるSDGsは、現代資本主義の直面している諸問題の全体像であり、人類が生き延びていくための処方箋ともいえる。各国のあらゆる政策（環境政策・社会政策・経済政策など）がSD

Gsを実現する方向に足並みをそろえることで達成される。ただ、実態が伴わないで、やってるふり（SDGsウオッシュ）をする企業や政策当局もあり、どうしたらこの人類的課題を達成できるか、さらに突っ込んだ検討と行動が求められている。

注

◆1 International Monetary Fund, World Economic Outlook Database, April 2023

◆2 https://www.imf.org/ja/Publications/WEO/Issues/2022/04/19/world-economic-outlook-april-2022

◆3 https://www.bloomberg.co.jp/news/articles/2022-04-26/RAXTR9DWRGG201?srnd=cojp-v2

◆4 トマ・フィリポン　ニューヨーク大学教授の推計。日本経済新聞2022年3月22日付。

◆5 https://www.imf.org/ja/Publications/WEO/Issues/2022/04/19/world-economic-outlook-april-2022

◆6 「トヨタ、10・12月期営業利益21％減――円安追い風も生産遅延が影響」稲島剛史、2022年2月9日。https://www.bloomberg.co.jp/news/articles/2022-02-09/R6R5U8T1UM0X01?srnd=cojp-v2

◆7 ロイター為替フォーラム、「コラム：『悪い円安』、日本に進行阻止の手立てはあるのか」植野大作、2022年3月29日。https://jp.reuters.com/article/column-daisaku-ueno-idJPKCN2LQ07D

◆8 「円安の急速進行『デメリット強い』と鈴木財務相、警戒感強める」田村康剛・伊藤小巻、20

２２年４月１９日。https://www.bloomberg.co.jp/news/articles/2022-04-19/RAKC36T0AFB801?srnd=cojp-v2

◆9　財務省「令和４年度予算の後年度歳出・歳入への影響試算」。https://www.mof.go.jp/policy/budget/topics/outlook/sy0401a.html

◆10　日本経済新聞２０２２年３月２４日付。

◆11　日本経済新聞２０２２年４月２１日付。

◆12　日本経済新聞２０２２年４月２８日付。

◆13　ロイター「焦点：アベノミクス突然の幕切れ、株価高揚の８年　財政積み残し」山口貴也、２０２０年８月２８日。https://jp.reuters.com/article/abenomics-analysis-idJPKBN25O13X

◆14　同右。https://jp.reuters.com/article/abenomics-analysis-idJPKBN25O13X

◆15　ロイター「ロシア依存低減へ原子力活用、エネルギーに１０年で１５０兆円投資＝岸田首相」２０２２年５月５日。https://jp.reuters.com/article/idJPKCN2MR0SZ

◆16　富田俊基『国債の歴史――金利に凝縮された過去と未来』（東洋経済新報社、２００６年、２５ページ）。

◆17　投機マネーの支配下にある現代経済や国際金融の特徴と問題点の解明は、今宮謙二『投機マネー』（新日本新書、２０００年）を参照されたい。

◆18　バブル崩壊後に表面化したこれらの利益共同体は海外でも注目され、米『ビジネスウィーク』誌（１９９１年８月２６日号）は、日本の政・官・財の「三位一体的なもたれ合いのバランス（cozy

◆19 tripartite balance)」や「共謀グループ（collusive group)」と表現している。

https://www.bloomberg.co.jp/news/articles/2022-03-28/R9GNS1DWX2PS01?srnd=cojp-v2 および https://jp.reuters.com/article/usa-biden-idJPKCN2LP1X4 を参照。

◆20 ドル依存は戦後日本の対外経済の基本構造である。詳しくは、山田博文『金融自由化の経済学』「第5章　金融グローバリゼーションと脆弱な『債権大国』日本」（大月書店、1993年）、吉川元忠『マネー敗戦』（文春新書、1998年）などを参照されたい。

◆21 財務省「報道発表　貿易取引通貨別比率（令和3年下半期）」2022年1月20日。

◆22 IMF（Currency Composition of Official Foreign Exchange Reserves・COFER）https://data.imf.org/?sk=e6a5f467-c14b-4aa8-9f6d-5a09ec4e62a4

◆23 代表的な研究は、イギリスのマディソン歴史統計。https://www.rug.nl/ggdc/historicaldevelopment/maddison/releases/maddison-database-2010　政治経済研究所監訳、アンガス・マディソン『世界経済史概観　紀元1年～2030年』（岩波書店、2015年）、アメリカのゴールドマン・サックス社の「Dreaming With BRICs: The Path to 2050」, GoldmanSachs, Global Economics Paper No: 99, 1st October 2003,「The N-11: More Than an Acronym」, GoldmanSachs, Global Economics Paper No: 153, March 28, 2007、日本では八尾信光『21世紀の世界経済と日本——1950～2050年の長期展望と課題』（晃洋書房、2012年）など。

◆24 朝日新聞2006年1月28日付。

◆25 詳しくは、坂本雅子「米国の対中国・軍事・経済戦の最前線に立つ日本」『経済』2022年6

月号、を参照されたい。

◆26　「インド太平洋地域で軍事的存在感を強化、軍事的猛進を続ける日本」『人民網日本語版』、2022年2月15日)。http://j.people.com.cn/n3/2022/0215/c94474-9958298.html

◆27　小栗崇資『社会・企業の変革とＳＤＧｓ――マルクスの視点から考える』(学習の友社、2023年)は、ＳＤＧｓの取り組みは現代社会と企業にとっての「新たな民主主義革命」である、との重要な問題提起をしている。

初出一覧

第１章　「財政危機と国債バブル」『経済』２０１１年３月号（筆名山田経彦）

第２章　「『異次元金融緩和』政策のリスク」『経済』２０１３年７月号、「官製バブルが広げる格差とリスク」『経済』２０１９年２月号

第３章　「財政ファイナンス・日銀トレードと国債ビジネス」『政經研究』２０１８年１２月号

第４章　「異次元リスクの財政金融問題」『経済』２０２１年１１月号

第５章　「差し迫る日本の金融・財政危機」『経済』２０２３年６月号

第６章　「円安と物価高が襲う日本経済」『経済』２０２２年７月号

山田博文（やまだ ひろふみ）

1949 年新潟県生まれ。群馬大学名誉教授・商学博士。中央大学大学院商学研究科博士課程、㈶日本証券経済研究所研究員、などを経て現在に至る。

主な著書

『くらす、はたらく、経済のはなし（全５巻）』、『99％のための経済学入門（第２版）』、『国債がわかる本』、『これならわかる金融経済（第３版）』、『金融自由化の経済学』（以上、大月書店刊）、『金融大国日本の構造』（みずち書房刊）、『国債管理の構造分析』、編著『現代日本経済論』、共著『現代経済システム論』（以上、日本経済評論社刊）、共著『戦後 70 年の日本資本主義』（新日本出版社刊）、他。

国債《こくさい》ビジネスと債務大国日本《さいむたいこくにほん》の危機《きき》

2023 年 11 月 15 日　初　版

著　者　山田博文
発行者　角田真己

郵便番号　151-0051　東京都渋谷区千駄ヶ谷 4-25-6
発行所　株式会社　新日本出版社
電話　03（3423）8402（営業）
03（3423）9323（編集）
info@shinnihon-net.co.jp
www.shinnihon-net.co.jp
振替番号　00130-0-13681

印刷　亨有堂印刷所　　製本　小泉製本

落丁・乱丁がありましたらおとりかえいたします。

ISBN978-4-406-06768-3 C0033　Printed in Japan